Zeichensetzung:

Alles klar!

Lern- und Übungsheft **2** *für das 7./8. Schuljahr*

Erarbeitet von: Peter Kohrs
Illustriert von: Eva M. Möhle

Cornelsen

Inhalt

Zeichensetzung trainieren

Satzschlusszeichen

Anführungszeichen

Satzgliederungszeichen

Satzzeichen zwischen Sätzen

Inhalt

Sonderfälle

Zusammenfassung Kommasetzung

Übungstexte

Das Verstehen erleichtern

Wozu Satzzeichen gut sind

Der berühmte Physiker Albert Einstein lebte sehr sparsam Auch seine Kleidung verriet es Willst du dir nicht gelegentlich einmal einen neuen Mantel kaufen fragte ein Freund als er den Physiker auf einem Spaziergang traf Wozu lächelte Einstein Hier kennt mich jeder und weiß wer ich bin Der Freund traf Einstein in demselben Mantel einige Zeit später in New York und meinte Du trägst ihn ja immer noch Warum nicht fragte Einstein Hier weiß doch niemand wer ich bin

Der berühmte Physiker Albert Einstein lebte sehr sparsam. Auch seine Kleidung verriet es. „Willst du dir nicht gelegentlich einmal einen neuen Mantel kaufen?“, fragte ein Freund, als er den Physiker auf einem Spaziergang traf. „Wozu?“, lächelte Einstein. „Hier kennt mich jeder und weiß, wer ich bin.“ Der Freund traf Einstein in demselben Mantel einige Zeit später in New York und meinte: „Du trägst ihn ja immer noch!“ – „Warum nicht?“, fragte Einstein. „Hier weiß doch niemand, wer ich bin!“

1. *Lies die beiden oben stehenden Texte.*
Sicher stellst du auf Anhieb fest, welcher Text sich besser lesen lässt.

Die Satzzeichen ***gliedern*** *einen Text. Sie machen ihn dadurch für Leserinnen und Leser* ***übersichtlich*** *und gut lesbar.*

2. *Kreuze an, welche Satzzeichen in dem zweiten Text nicht vorkommen.*

☐ *Punkt* ☐ *Fragezeichen* ☐ *Ausrufezeichen* ☐ *Anführungszeichen* ☐ *Komma*
☐ *Semikolon* ☐ *Doppelpunkt* ☐ *Gedankenstrich*

3. *Satzzeichen haben im Satz jeweils eine unterschiedliche Aufgabe.*
Setze entsprechend ein wie im Beispiel.

Das Komma gliedert den Satz nach Sprechpausen und macht ihn dadurch besser lesbar.

.... schließt einen Fragesatz ab.

.... kennzeichnen im Satz die direkte (wörtliche) Rede.

.... wird zwischen zwei Sätzen dann gesetzt, wenn das Komma eine zu geringe und der Punkt eine zu starke Trennung bedeuten würde; dies ist stark von der Einschätzung des Sprechers/der Sprecherin abhängig.

.... kündigt an, dass etwas folgt, zum Beispiel eine direkte Rede.

Das Verstehen erleichtern

.... schließt einen Aussagesatz ab.

.... schließt einen Ausrufesatz, einen Aufforderungssatz oder einen Wunschsatz ab.

Was muss ich üben?

4. *In dem folgenden Text fehlen die Satzzeichen. Versuche, sie nach den Hinweisen am Rand zu setzen.*
(Zeichenerklärung: P – Punkt / F – Fragezeichen / Au – Ausrufezeichen / A – Anführungszeichen K – Komma / S – Semikolon / D – Doppelpunkt)

Nikolas und Tom zwei gute Freunde aus der 7 b unterhalten sich während	KK
der Pause darüber was sie am Wochenende vorhaben	KP
Tom meint Ich gehe am Samstag zur Fete von Christian Franke	DAPA
– Prima da bin ich auch eingeladen ruft Nikolas	AKAuAKP
Jetzt werden Meike und Nadja die neben den beiden stehen aufmerksam	KKP
Da kommen wir auch hin wirft Nadja jetzt ein Wusstet ihr denn nicht	AAKPAK
dass die halbe Schule eingeladen ist fragt Meike Ich wusste nur dass	FAKPAK
Thomas Christina Daniel und Falk aus unserer Klasse kommen meint	KKAK
Nikolas Darauf antwortet Tom abschließend Nun gut Nikolas dann machen	PDAKK
wir daraus eben eine Schulfete Wir sehen uns ja dann Als es schellt	PPAK
schlendern die vier langsam in die Eingangshalle Meike und Nadja	PK
Schülerinnen der 8 a gehen in eine andere Richtung sie haben nämlich	KS
gleich Chemie im Fachraum	P

5. *Vergleiche anschließend mit dem Lösungsheft und stelle fest, ob und wo du noch Schwierigkeiten bei der Zeichensetzung hast.*

Trainingstipps zur Zeichensetzung

Folgende Tipps und Hilfen kannst du in diesem Arbeitsheft immer wieder anwenden. In diesem Kapitel werden sie kurz vorgestellt; zur Veranschaulichung werden dazu einige Beispiele gegeben. Die einzelnen Zusammenhänge werden an anderen Stellen des Arbeitsheftes wieder aufgenommen bzw. weitergeführt.

TIPP 1: Sprich deutlich *und betont, versuche, Satzzeichen herauszuhören.*

Du kannst dabei zum Beispiel darauf achten, ob ein Komma den Sinn des Satzes verändert.
Beispiel: Inge, Britta, meine Freundin (,) und ich bereiteten die Nachtwanderung vor.
(Sind es drei oder vier Personen?)

6. *Setze in den folgenden Sätzen einen Punkt (Aussagesatz), ein Fragezeichen (Fragesatz) oder ein Ausrufezeichen (Aufforderungssatz, Wunschsatz, Ausrufesatz).*

Wo treffen wir uns
Sie erwartet ihn heute Nachmittag vor dem Kino
Komm doch mit
Ich wünschte mir, du wärst meine Freundin
Hast du Tina schon gefragt
Das ist einfach Spitze
Heute Abend besuchen die beiden ein Rockkonzert

7. *Achte bei den folgenden Sätzen auf die wörtliche Rede.*
Setze die entsprechenden Zeichen ein.
Die Lücken im Text helfen dir.

Lisa kommt zu spät in die Schule. Die Lehrerin fragt   Willst du dich nicht für dein Zuspätkomen entschuldigen   Darauf wirft Lisa ihre Schultasche auf den Tisch und antwortet   Mein Vater sagt immer, zum Lernen sei es nie zu spät

8. *In den folgenden Sätzen fehlt jeweils das Komma. Versuche, die kleine Pause im Satzzusammenhang durch deutliches Sprechen herauszubekommen.*
Kontrolliere im Lösungsheft, ob du das Komma richtig gesetzt hast.

Komm wir gehen jetzt!

Willst du nicht mitkommen Pia?

Au das tat aber weh!

Heute kommt mich Nadja meine neue Freundin besuchen.

Zeichensetzung:

Alles klar!

Lern- und Übungsheft **2** *für das 7./8. Schuljahr*

Lösungen

Seite 4/5

Aufgabe 2:

In dem Text wird kein Semikolon gesetzt.

Aufgabe 3:

Das Fragezeichen schließt einen Fragesatz ab.
Anführungszeichen kennzeichnen im Satz die direkte (wörtliche) Rede.
Ein Semikolon wird zwischen zwei Sätzen …
Der Doppelpunkt kündigt an, …
Der Punkt schließt einen Aussagesatz ab.
Das Ausrufezeichen schließt einen Ausrufesatz …

Seite 5

Aufgabe 4:

Nikolas und Tom, zwei gute Freunde aus der 7b, unterhalten sich während der Pause darüber, was sie am Wochenende vorhaben.
Tom meint: „Ich gehe am Samstag zur Fete von Christian Franke." – „Prima, da bin ich auch eingeladen!", ruft Nikolas. Jetzt werden Meike und Nadja, die neben den beiden stehen, aufmerksam. „Da kommen wir auch hin", wirft Nadja jetzt ein. „Wusstet ihr denn nicht, dass die halbe Schule eingeladen ist?", fragt Meike. „Ich wusste nur, dass Thomas, Christina, Daniel und Falk aus unserer Klasse kommen", meint Nikolas. Darauf antwortet Tom abschließend: „Nun gut, Nikolas, dann machen wir daraus eben eine Schulfete. Wir sehen uns ja dann."
Als es schellt, schlendern die vier langsam in die Eingangshalle. Meike und Nadja, Schülerinnen der 8a, gehen in eine andere Richtung; sie haben nämlich gleich Chemie im Fachraum.

Seite 6

Aufgabe 6:

Wo treffen wir uns?
Sie erwartet ihn heute Nachmittag vor dem Kino.
Komm doch mit!
Ich wünschte mir, du wärst meine Freundin!
Hast du Tina schon gefragt?
Das ist einfach Spitze!
Heute Abend besuchen die beiden ein Rockkonzert.

Aufgabe 7:

Lisa kommt zu spät in die Schule. Die Lehrerin fragt: „Willst du dich nicht für dein Zuspätkommen entschuldigen?" Darauf wirft Lisa ihre Schultasche auf den Tisch und antwortet: „Mein Vater sagt immer, zum Lernen sei es nie zu spät."

Aufgabe 8:

Komm, wir gehen jetzt!
Willst du nicht mitkommen, Pia?
Au, das tat aber weh!
Heute kommt mich Nadja, meine neue Freundin, besuchen.

Seite 7/8

Aufgabe 9:

Die Beispielsätze sind in folgender Weise zu kennzeichnen: e, c, b, a, d.

Aufgabe 10:

<u>Es bildete sich Nebel</u>, während die Sterne hinter den Wolken verschwanden. Als wir kaum noch die Hand vor Augen sehen konnten, <u>wurde es uns unheimlich</u>. Obwohl wir doch die Gespenster kannten, <u>hatten wir ziemliche Angst</u>.

Es bildete sich Nebel.
Uns wurde es unheimlich.
Wir hatten ziemliche Angst.

Seite 8

Aufgabe 11:

<u>Ich weiß</u> …

Aufgabe 12:

<u>Larissa freut sich</u>, …
<u>Die Klasse 8b macht heute in Biologie einen Ausflug</u>, …
<u>Kim</u>, … , <u>hilft manchmal ihrer Freundin Tamara</u>.
<u>Paula Peters aus Klasse 7c mag Christof</u>, …

Aufgabe 13:

Carlo ist sofort Feuer und Flamme.
Kurt bleibt freundlich und gelassen.

Aufgabe 14:

Unsere Klasse hatte Sport, der Unterricht fiel aus.

Seite 9

Aufgabe 15:

Unsere Klasse hatte Sport, aber der Unterricht fiel aus.
Unsere Klasse hatte Sport, doch der Unterricht fiel aus.

Aufgabe 16:

Beim Geräteturnen leisteten zwei Schüler Hilfestellung, trotzdem fiel Sven mit voller Wucht auf den Boden.
Herr Lottmann kam sofort, jedoch (aber) das Unglück war leider schon passiert.

Aufgabe 17:

Pia wartet vor dem Lehrerzimmer auf Frau Borgmeier, weil sie eine wichtige Frage hat.

Seite 10

Aufgabe 18:

Frau Brinkschröder organisiert mit ihrer Klasse den nächsten Elternabend, auf dem eine Gruppe von Schülerinnen und Schülern ein Theaterstück vorspielen will.

Connie, die eine Hauptrolle spielt, ist schon ganz aufgeregt vom Lampenfieber.

Aufgabe 19:

…, damit zur Vorstellung alles klappt.
…, dass nichts schiefgeht.
…, die für die Musik verantwortlich ist, …

Aufgabe 20:

Weil es wichtige Klassenangelegenheiten zu besprechen gibt, nutzt Frau Borgmeier heute die Verfügungsstunde.
Frau Borgmeier gibt der Klasse, nachdem einige Schüler und Schülerinnen ihre Probleme vorgetragen haben, die Möglichkeit zur Diskussion.
Pia, Karen und Mareike sprechen offen die Probleme in der Klasse an, während Sven und Tina eher zurückhaltend reagieren.

Seite 11

Aufgabe 21:

Als Anke von der neuen Foto-AG hört, will sie sich sofort anmelden.
Weil Anke sich entschieden hat, hat auch Tom es mit der Anmeldung plötzlich sehr eilig.

Aufgabe 22:

Im ersten Satz meinte Sara, Pia sei eine Klatschtante.
Im zweiten Satz ist es genau umgekehrt.

Aufgabe 23:

Sie rät ihr, schnell zu folgen.
Sie rät, ihr schnell zu folgen.

Sven kommt heute Nachmittag, nicht aber Susanne.
Sven kommt heute Nachmittag nicht, aber Susanne.

Boris sagt, Goran sei der Beste.
Boris, sagt Goran, sei der Beste.

Sie versprach, ihm jeden Tag einen Brief zu schreiben.
Sie versprach ihm jeden Tag, einen Brief zu schreiben.

Er gelobte, ihr stets treu zu sein.
Er gelobte ihr, stets treu zu sein.

Aufgabe 24:

Im zweiten Satz ist es sinnvoll, vor *und* ein Komma zu setzen, weil man zunächst lesen könnte:
Sie traf sich mit meinem Bruder und dessen Freund …

Seite 12

Aufgabe 1:

Reihenfolge der einzusetzenden Buchstaben: a, b, a, c, c.

Aufgabe 2:

Bei einer Entscheidungsfrage steht das flektierte Verb an erster Satzgliedstelle. (Gehst …?)
Bei einem Aussagesatz steht das flektierte Verb an zweiter Satzgliedstelle. (Es ist …)
Bei einem Aufforderungssatz steht das flektierte Verb an erster Satzgliedstelle. (Komm …!)

Seite 13

Aufgabe 3:

Leihst du mir mal das Lineal?
Die 6. Stunde fällt morgen aus.
In der nächsten Woche bleibt die Bibliothek geschlossen.
Wann hast du mal Zeit für mich?
Welch ein Ausblick!
Das ist ja ganz wunderbar!
Sag mir jetzt sofort, was du damit gemeint hast!
Hört auf jetzt!

Aufgabe 4:

Zum Beispiel:
Fährst du heute Nachmittag gegen 14.30 Uhr ins Schwimmbad?
Wann fährst du heute Nachmittag ins Schwimmbad?
Hat Theodor Storm die Novelle „Der Schimmelreiter“ verfasst?
Hat Thomas dich auch zu seiner Geburtstagsfeier eingeladen?

Aufgabe 5:

Kommt ihr jetzt mal her!
Den Anordnungen ist sofort Folge zu leisten!
Du bist jetzt aber bitte auch mal still, ja!
Bringst du bitte dein Fernglas mit, Ute!

Aufgabe 6:

Zum Beispiel:
Haltet die Klappe!
Ruhe!
Seid still!
Seid bitte leise!
Noch lauter bitte!
Man versteht gar nichts!

Seite 14

Aufgabe 1:

3 „Alex“, meint Herr Gehler, „zeig uns doch mal, wo Amerika liegt.“
2 „Und wer hat Amerika entdeckt?“, fragt der Lehrer weiter.
1 Alle antworten wie aus einem Mund: „Alex!“

Seite 15

Aufgabe 2:

Begleitsatz vorn
Karen meint: „Mich interessiert fast alles.“
Paulina fragt jetzt: „Kannst du denn am Dienstag?“
Britta fordert ihre Freundinnen auf: „Macht doch mal Vorschläge für unsere Wanderung!“
Begleitsatz hinten
„Für welches Ziel interessiert ihr euch denn?“, fragt Tina.
Begleitsatz in der Mitte
„Also gut“, lenkt Steffi ein, „nehmen wir den Dienstag.“
„Morgen“, ruft Steffi, „habe ich aber was vor!“

Aufgabe 3:

„Wieder so ein verflixtes Pech“, schimpft Vater, „schon wieder habe ich im Lotto keine einzige Zahl richtig!“ – „Mach dir nichts draus, Papa“, meint Sara, „mir ging es heute bei der Mathearbeit ebenso.“

„Nanu“, staunt der Uhrmacher, „warum bringen Sie denn Ihren Dackel zu mir?“ „Er bleibt alle fünf Minuten stehen“, meint der Kunde.

„Mein Hund ist wirklich Klasse", meint ein Hundebesitzer gegenüber seinem Freund, „er bringt mir jeden Morgen die Zeitung." „Wieso", entgegnet der Freund, „das ist doch gar nichts Besonderes, das machen doch viele." „Das ist schon richtig", antwortet daraufhin der Hundefreund, „aber ich habe überhaupt keine Zeitung abonniert."

Seite 16

Zum Üben

Aufgabe 4:

Bello wartet mit Herrchen an der Haltestelle. Neben ihm steht ein vornehm gekleideter Herr. Bello schnuppert und hebt das Bein. Der Mann zuckt zusammen und weicht zurück. „Sie brauchen keine Angst zu haben", sagt der Hundebesitzer beruhigend, „mein Bello beißt nicht." „Das habe ich mir gedacht", antwortet der vornehme Herr, „ich hatte nur geglaubt, er wolle mich treten."

Gummiband gefunden
Ein Mann geht auf der Straße, bückt sich und hebt etwas auf. „Hat einer von Ihnen ein Bündel Hundertmarkscheine verloren, die mit einem Gummiband zusammengehalten waren?", fragt er die Vorbeigehenden. Einer der Passanten bejaht dies sofort. „Das geht in Ordnung", meint der Mann, „ich habe nämlich das Gummiband gefunden."

Taschendiebe unter sich
Drei Taschendiebe verlassen gemeinsam ein Juweliergeschäft. „Den Ring mit den großen Steinen hätte ich gern gehabt", sagt der eine. „Ich habe ihn", meldet sich darauf der zweite. „Du hast ihn gehabt", korrigiert ihn der dritte.

Ausrede
„Halt!", ruft der Polizist, „Ihr Licht brennt nicht. Sie müssen leider absteigen und Ihr Fahrrad schieben." –„Das habe ich schon versucht, aber dann brennt es auch nicht."

Immer logisch bleiben
„Meine Klugheit", sagte der Rabe, „kennt keine Grenzen." „Seit wann", fragte der Sperling, „nennt man Unkenntnis Klugheit?"

Die Macht der Winzigkeit
„Mach, dass du wegkommst!", schnaubte der Stier die Mücke an, die ihm im Ohr saß. „Du vergisst, dass ich kein Stier bin", sagte die Mücke und stach ihn gemächlich.

Mitwirkung Ehrensache
Die Marionette verbeugte sich. „Ich führe Ihnen jetzt ohne jede fremde Hilfe was vor." „Lediglich von mir in der Schwebe gehalten", fügte der Faden hinzu.
„Lasst sehen, wie lange", sagte die Schere.

Seite 17

Die Höhe der Frechheit
Ein Star hatte sich auf die Stirn einer Giraffe gesetzt.
„He, runter da!", rief die Giraffe empört.
„Komm doch rauf, wenn du was willst!", schrie der Star.

Die Grenzen der guten Erziehung
Ein Eichhorn knackte ein Vogelei. „Wie kannst du nur so raubgierig sein!", schimpfte die Elster. Da sah sie unter sich ein Nest mit Drosseleiern darin. „Natürlich ist gegen ein Frühstücksei jeden Morgen nichts einzuwenden", fuhr sie fort.

Ehe der Weiße kam
Ein Weißer wollte von einem Indianer wissen, wie Amerika genannt worden sei, ehe der weiße Mann es entdeckte. „Es wird wohl ein schwieriges Wort sein", fügte er hinzu, „bitte, sprechen Sie es langsam und deutlich aus, damit ich es notieren kann." Der Indianer schüttelte den Kopf. „Es ist ganz einfach", antwortete er, „wir nannten es *unser*."

Jeder friert anders
An einem kalten Wintertag ritten ein Indianer und ein weißer Mann zusammen über Land. Der Indianer war nur mit einem Poncho und einer Decke bekleidet. Der weiße Mann aber trug rote Flanellunterwäsche, ein wollenes Hemd, dicke Hosen, eine Jacke und einen Mantel. Trotz der Kleider auf dem Leib kam es ihm vor, als teile der Wind Messerstiche aus. Der Indianer hingegen schien recht vergnügt.
„Frierst du denn nicht?", fragte ihn der weiße Mann.
„Nein", sagte der Indianer.
„Das verstehe ich nicht. Ich bin so eingemummelt, trage alle Kleider auf dem Leib, die ich besitze, und friere mich fast zu Tode. Und du hast nur diese dünne Decke und sagst, dir sei nicht kalt."
„Ist dein Gesicht kalt?", fragte der Indianer.
„Nein, im Gesicht ist mir nicht kalt, aber ich friere am ganzen übrigen Körper."
„Ich ganz Gesicht", antwortete der Indianer.

Seite 18

Aufgabe 5:

„Treffen wir uns?"
„Meinetwegen."
„Und wo?"
„Mir egal."
„Na prima, aber sei pünktlich!"

„Gibt's Gips?"
„Gips gibt's nicht. Gips gibt's morgen."
„Morgen?"
„Morgen!"
„Morgen."
„Morgen."

Aufgabe 6, 7:

Sie sagte: „Ich hole mal die Schere", und ging in hinaus. (a)
Karen rief: „Lass das doch sein!", und lief davon. (a)
Er fragte: „Brauchst du die Schere?", und sah zu ihr hin. (a)
Hast du nicht eben behauptet: „Ich habe das gar nicht gesagt!"? (b)
Fragtest du nicht eben: „Wann beginnt der Film?"? (b)

Seite 19

Aufgabe 8:

- Anna liest mit großer Empörung im „Wochenspiegel" den Artikel „Alter Baumbestand fällt Kreissäge zum Opfer".
- In der Klasse 10 b wird gerade das Schauspiel „Der Hauptmann von Köpenick" gelesen.
- Tina meint, dass sich die Sprichwörter „Eile mit Weile" und „Wer rastet, der rostet" doch eigentlich widersprechen.
- Svens ewiges „Ist das aber langweilig" kann Nadine nun wirklich nicht mehr hören.
- Bei diesem Sportfest sprang sie „nur" 6,50 m.
- Das Wort „Mitgift" weist auf eine Bedeutungsänderung hin.
- Diese Art von „Freundschaft" kannst du dir an den Hut stecken!

Seite 20

Aufgabe 1, 2:

In der Pause
Gehst du morgen Abend auch zu Svens Fete, Tina?
Oh, du kommst nicht mit?
Sven lacht, Lars kommentiert jedes Wort und Boris hört nur zu.
Lisa, hast du heute schon etwas vor?
Pia will einfach nicht glauben, dass sie eine Zwei in Mathe geschrieben hat.
Sie mag die drei Mädchen recht gern, besonders Gülan.
Nein, das hätte ich nicht gedacht.
Weil Kirsten nicht mitkommen kann, will Mike auch nicht am Wandertag teilnehmen.
Kai, der Lara versprochen hat, dass er ihr seine neue CD ausleihen will, hat natürlich nicht mehr daran gedacht, weil er alles Mögliche im Kopf hat.

Aufgabe 3:

Satz 1: Komma bei Anreden
Satz 2: Komma bei Ausrufen
Satz 3: Komma bei Aufzählungen
Satz 4: Komma bei Anreden
Satz 5: Komma zwischen Hauptsatz und Nebensatz
Satz 6: Komma bei nachgesteller Erklärung
Satz 7: Komma bei Verneinung / Ausruf
Satz 8: Komma zwischen Hauptsatz und Nebensatz
Satz 9: Komma im komplexen Satzgefüge / Komma zwischen Hauptsatz und Nebensatz; der Hauptsatz wird durch Nebensätze unterbrochen

Seite 21/22

Aufgabe 4:

Katharina fährt in den Herbstferien mit ihren Eltern, ihrem Bruder Timo und ihren Großeltern nach Norderney.

Sie will alles Mögliche mitnehmen: ihren Schmusebär, vier Spiele, den Kassettenrekorder, ihren Tennisschläger und ihren Kanarienvogel.

Mutter möchte entweder ihren hellen Hosenanzug oder ihr dunkelbraunes Kleid mitnehmen.

Oma ist optimistisch, sie rechnet mit gutem Wetter, sie entscheidet sich weder für Regenstiefel noch für die Regenjacke.

Vater will sowohl zwei Mäntel, seine Wachsjacke als auch eine Regenjacke mitnehmen.

Timo sieht den Vorbereitungen seiner Schwester zu, denkt eine Weile nach, geht dann in sein Zimmer und packt seine Ferienutensilien zusammen.

Die beiden Kinder schleppen ihre Sachen zum Auto, Mama hebt vor Entsetzen die Arme, Papa schimpft wegen des vielen Gepäcks und Opa schaut dem ganzen Treiben gemächlich zu.

Vater packt den geräumigen Wagen voller Sorgfalt, weil alle sechs Personen noch bequem sitzen sollen, weil er nach Möglichkeit allen Wünschen nachkommen will, weil sie sich ja schließlich im letzten Jahr den großen Wagen für solche Zwecke angeschafft haben und weil er jetzt mal beweisen will, was man alles darin verstauen kann.

Die Nachbarn haben versprochen, den Wasserschildkröten Futter zu geben, den Briefkasten zu leeren, die Blumen zu gießen und hin und wieder zu lüften.

Langsam wird der Wagen voller, das Gepäck ist verstaut, Papas Erregung klingt ganz langsam ab, es kann losgehen.

Während der Fahrt ärgert sich Papa über die wilden Raser, die uns manchmal fast an der Stoßstange hängen, über unklare Beschilderungen, über eine Umleitung auf der B72 und über alles Mögliche.

Nach pünktlicher Ankunft am Fähranleger in Norddeich murmelt Papa etwas vor Erleichterung, Mama entwickelt ihr Ferienprogramm, Timo und Katharina reden durcheinander und Opa schmunzelt mal wieder vor sich hin.

Timo macht den Vorschlag, dass sie gleich zum Strand gehen, dass er seinen neuen Lenkdrachen ausprobiert und dass er anschließend noch eine Runde mit seinem Mountainbike dreht.

Seite 22/23

Aufgabe 5:

Zum Beispiel:
Die Webers fahren von Bielefeld aus zunächst auf der B68 bis Hilter, bleiben ein ganzes Stück auf der Autobahn und erreichen schließlich über die B72 und B70 die Anlegestelle nach Norderney.

Bei der Abfahrt Cloppenburg überlegt sich Herr Weber, ob er die Bundesstraße fährt oder ob er die Autobahn noch ein Stückchen weiter fährt.

In Norddeich kommen sie gegen 15.00 Uhr an, finden sofort den Parkplatz für die Autofähre und warten dort bis zur Abfahrt der Fähre.

Auf dem Parkplatz stehen bereits mehrere Personenwagen, einige Wagen mit Anhänger und zwei Lastwagen.

Während der stürmischen Überfahrt sitzen die Großeltern und Mama im schwankenden Salon, Papa geht aufs Sonnendeck und Katharina und Timo schauen sich die Fähre genauer an.

Katharina interessieren die technische Ausrüstung und die vielen Menschen an Bord.

X

Seite 23

Aufgabe 6:

Frau Weber schwärmt für teuren französischen Rotwein.
Großvater mag würzigen westfälischen Schinken.
Katharina ist für frischen, zarten Spargel.
Timo bestellt sich ein großes gemischtes Eis.
Großmutter fragt nach einer herzhaften, bekömmlichen Suppe.
Während des Essens wird darüber gesprochen, dass die Webers in den nächsten großen Ferien mit ihrem neuen, geräumigen Wohnmobil nach Spanien fahren wollen.

Seite 24/25

Aufgabe 7:

Urlaub
Timos Freundin Nikola macht mit ihrem Vater und ihrer Mutter in den Herbstferien Urlaub auf Mallorca. Sie fahren von Bielefeld aus zu dem kleinen Regionalflughafen nach Paderborn, stellen ihren Wagen im Flughafenbereich auf einem Parkplatz ab und suchen die kleine(,) überschaubare Abflughalle auf. Sie geben am Abfertigungsschalter ihre Koffer ab, erhalten ihre Bordkarten und setzen sich noch etwas ins Restaurant. Man sieht von dort, dass auf dem Flughafen sowohl kleine Propellermaschinen als auch Jets abgefertigt werden können. Niki sagt zu ihrer Mutter: „Entweder fliegen wir mit der

großen, gerade gelandeten Maschine oder es ist die grünweiße, kleinere Maschine, die schon seit einiger Zeit vor dem Abfertigungsgebäude steht. Nach einer entsprechenden Lautsprecherdurchsage geht Niki mit ihren Eltern durch den Sicherheitsbereich, in dem sowohl das Handgepäck, die Kleidungsstücke als auch die Personen kontrolliert werden, danach in den Warteraum und dann dauert es auch schon nicht mehr lange bis zum Abflug.

Im Safaripark

Endlich ist schönes Wetter. Deshalb wollen Herr Kantsteiner, seine Frau, Tochter Tina und die Söhne Lars und Jochen zum Safaripark fahren. Bevor es losgeht, kontrolliert Herr Kantsteiner Rückleuchten, Seitenleuchten und Bremsleuchten des Autos. Frau Kantsteiner sieht noch einmal nach dem Herd und Lars verabschiedet sich von seinem Kanarienvogel.

Nach einer Stunde Fahrt erreichen die Kantsteiners den Safaripark. Parkplätze, Wiesen, Straßenränder stehen bereits voller Autos. Kantsteiners wollen mit ihrem eigenen Wagen durch den Park fahren. Für Tina, Lars und Jochen zahlt Herr Kantsteiner an der Kasse einen ermäßigten Preis.

Langsam fahren sie auf den Parkeingang zu. Ein Parkwächter öffnet eine große Sicherheitsschleuse und jetzt sind sie im Safaripark. Tiger, Löwen und andere Raubtiere kann man aus allernächster Nähe betrachten; hinter dem Bereich für die Tiger hält Herr Kantsteiner seinen Wagen an.

Auf einer großen Wiese neben dem Safaripark weiden Giraffen, Zebras und Büffel. Ein junger Elefant kommt langsam heran, bleibt vor dem Wagen stehen und begutachtet mit seinem Rüssel die Scheibe der Wagentür.

Nach etwa 30 Minuten fährt Herr Kantsteiner auf den Ausgang zu, sucht eine Stelle zum Parken und spendiert für alle Kaffee, Cola, Kuchen oder Himbeereis.

Seite 25

Eindrücke einer Ferienfahrt durch den Westen Kanadas

Parkwächter des Campingplatzes drücken uns ein Faltblatt in die Hand, das uns Vorsichtsmaßnahmen erläutert. Wir befinden uns nämlich im Bärengebiet eines Nationalparks.

Alle Lebensmittel sollen nachts im Auto verschlossen, es soll nicht in der Nähe der Zelte gekocht und auf keinen Fall sollen Parfüm, Seife oder Zahnpasta in die Zelte mitgenommen werden.

Zahnpasta sei nämlich ein besonderer Leckerbissen für Bären und locke sie an. Die Mülltonnen auf dem Campingplatz sind durch schwere Eisentüren und Schließmechanismen bärensicher gemacht. Patrouillierende Rancher der kanadischen Parkaufsicht sorgen dafür, dass kein Tourist, Camper oder Wanderer von Bären überrascht wird. Sie führen genau Buch über die Tiere, die sich in der Nähe des Campingplatzes aufhalten. Immerhin haben wir auf unserer Reise einen riesigen Bären, dazu Waschbären, Biber und viele andere Tiere aus der Nähe gesehen.

Herr Kuwalek

Eines Tages kam Vater mit einem Igel nach Hause. Wir nannten ihn Herr Kuwalek und er wohnte im untersten Fach von Vaters Schreibtisch, zu dem ein schräg gestelltes Hackbrett hinaufführte. Herr Kuwalek aß Mistkäfer, Schokolade, Gulasch, Briefmarken, Regenwürmer, entkernte Pflaumen, weiße Mäuse und einmal auch einen großen Radiergummi.

Am liebsten trank er Milch und abgestandenes Bier, auch kalten Bohnenkaffee schlürfte er gern. Bei Tage schlief er, nachts raste er schnaufend durchs Zimmer und auf den Balkon, wo wir ihm mit Rasenplacken, Stauden und Moos ein Stück Wiese nachgemacht hatten.

Seite 26

Aufgabe 8:

Sven: Ich gehe heute ins Kino, <u>aber</u> nicht morgen.
Anna: Ich habe morgen Zeit, <u>aber</u> nicht heute.
Sven: Dann gehen wir eben nicht morgen, <u>sondern</u> erst übermorgen.
Anna: Übermorgen wäre in Ordnung, <u>doch</u> da hat mich Thomas schon eingeladen.

Aufgabe 9:

Ein Komma gehört in folgende Sätze:
Pia geht mit Daniel in einen ernsten, jedoch sehr interessanten Film.
Hanna interessiert sich für Liebesfilme, jedoch nicht für Western.
Für ihn muss ein Film lustig sein, aber er darf nicht langweilig oder vordergründig werden.
Sie mag hintergründige Ironie, aber keine Planschbeckenkomik.

Seite 27

Aufgabe 10, 11:

Heute Mittag, der Unterricht ist schon vorbei, trifft Stefanie zufällig auf Nadja. [a]
Nadja, die Freundin aus der Grundschule, freut sich riesig. [b]
Beide Mädchen können sich noch gut an die Grundschulzeit erinnern, besonders an die schöne Abschlussfahrt. [d]
Nadja und Stefanie verabreden sich, und zwar für morgen. [d]
Sie wollen etwas Gemeinsames unternehmen, zum Beispiel ins Kino gehen. [d]
Das Kino befindet sich im Hansenviertel, Alter Markt 8. [c]
Daran, sie um ihre Adresse zu bitten, denkt Stefanie natürlich nicht. [e]

Seite 28

Aufgabe 12:

Ingo schreibt, um schnell zum Tennisplatz gehen zu können, seinen Aufsatz in Windeseile. [f]
Alex und Katja laufen, anstatt auf die anderen zu warten, schon voraus. [f]
Markus, ganz in sein Buch vertieft, hört nicht, wie Christine ins Zimmer kommt. [f]
Katrin, Daniels Freundin, flirtet auf der Fete mit Lars. [b]
Tina, eine große Hundefreundin, und ihre Schwester besuchen jedes Wochenende einmal das Tierheim am Wilhelmsberg. [b]
Johanna Lammersen, sie ist Schülerin der Klasse 8 c, hat beim Sportfest die höchste Punktzahl erreicht. [a]

Aufgabe 13:

Otto Hahn, der bedeutende Physiker, entdeckte …
Magellan, um 1480 als Sohn eines portugiesischen Edelmanns geboren, durchfuhr …
Gutenberg, der Erfinder des Buchdrucks, ist als …
Am 16. April des Jahres 1811 stieg in Berlin Wilhelmine Reichard, die erste deutsche Aeronautin, in die Lüfte.
Er ist gestern Tina, einem Mädchen, das er letzte Woche in der Bücherei kennen gelernt hatte, begegnet.

Seite 29

Aufgabe 14:

Er verbringt einen ganzen Tag damit, für sie ein Geburtstagsgeschenk zu basteln.
Sie muss sich darauf gefasst machen, ihn nicht auf ihrer Geburtstagsfeier zu sehen.
Dies, den Einladungsbrief nicht genau gelesen zu haben, war sein Fehler.
Denke bitte daran, die Eintrittskarte mitzubringen.
Wie im letzten Jahr, so hatten wir auch diesmal Glück.
Dies, möglichst viel zusammen zu unternehmen, war ihr größter Wunsch.
Die beiden, Svenja und Lars, verirrten sich beim Spaziergang.

Seite 30

Aufgabe 15:

Sie – die Cello-Spielerin – verfolgt ...
Janas Freund – er hat den schönen Namen Alexander – erwartet ...
Sie mag Literatur – besonders Liebesgedichte.

Aufgabe 16:

Katharinas Mitarbeit im Projekt Theater(,) wie auch ihre anderen künstlerischen und musikalischen Tätigkeiten(,) werden von allen anerkannt.
Sven sprach(,) voll interessiert(,) nach dem ersten Treffen begeistert mit Steffi über das Theaterspielen.
Auch Timo macht sofort mit(,) ohne genaue Kenntnis der Projektziele.
Es war(,) nach allgemeinem Urteil der gesamten Projektgruppe(,) eine interessante Zusammenarbeit.
Die Projektleiterin(,) Frau Dr. Weingarten(,) hat alle Tätigkeiten nach jeweiligem Interesse verteilt.

Seite 31

Aufgabe 17, 18:

Aussagen während der großen Pause
b He, was macht ihr denn da?
b Du bist wieder in unserem Klub, ja?
c Leider, das war daneben!
c Tim ist, eine Unverschämtheit, gestern überhaupt nicht gekommen.
a Kommst du heute auch mit, Maria?
a Du, stell dir das mal vor!
c Danke, ich habe schon.
a Anna, du hast mir auf den Fuß getreten.

Seite 32

Aufgabe 1, 2:

Der Erzähler, der kurze Hauptsätze durch Punkte trennt, will besonders zum Ausdruck bringen, dass die Eindrücke aufeinander folgen. [a]

Aufgabe 3:

Zum Beispiel:
Es war stockdunkel, der Lärm war ohrenbetäubend, jetzt war es plötzlich ganz still, die unheimliche Gestalt kam näher. Man hörte ein Schlurfen und Scharren, jetzt musste das seltsame Wesen ganz nah sein, das Mädchen spürte in der Dunkelheit den heißen Atem des Ungeheuers.
Es wollte schreien, aber es wurde nichts draus.
Der Wecker klingelte.

Aufgabe 4:

Mit dem Semikolon drückt man einen höheren Grad der Abgrenzung aus als mit dem Komma.
Mit dem Semikolon drückt man einen geringeren Grad der Abgrenzung aus als mit dem Punkt.

Seite 33/34

Aufgabe 5:

Eine Spukgeschichte
Ich hatte lange Zeit den gleichen Traum. Ich ging über Land. Von Weitem bemerkte ich ein schwarzes Haus. Es war umgeben von einem dichten Tannenwald. Ich fühlte mich wie magisch von diesem Haus angezogen. Im Traum schritt ich darauf zu. Ein Tor öffnete sich. Ich schritt hindurch. Das Haus hatte ein schwarzes Schieferdach. Ich klopfte an der Tür. Vom Klopfen wurde ich wach.

Aufgabe 6:

Zum Beispiel:
Ich hatte lange Zeit den gleichen Traum. Ich ging über Land, von Weitem bemerkte ich ein schwarzes Haus, es war umgeben von einem dichten Tannenwald. Ich fühlte mich wie magisch von diesem Haus angezogen, im Traum schritt ich darauf zu. Ein Tor öffnete sich, ich schritt hindurch. Das Haus hatte ein schwarzes Schieferdach. Ich klopfte an der Tür, vom Klopfen wurde ich wach.

Aufgabe 7:

Zum Beispiel:
Plötzlich war das Mädchen aufgewacht, denn irgendwas hatte sie geweckt.
Es herrschte tiefe Dunkelheit im Zimmer, dennoch konnte sie sehen, dass sich am Fenster etwas bewegte.
Die seltsamen Wesen sahen aus wie schwarze Schatten, denn sie bewegten sich völlig lautlos.
Sie schrie und verkroch sich unter der Decke, denn sie hatte furchtbare Angst.

Seite 35

Aufgabe 8:

Ein Komma könnte man setzen bei den folgenden Sätzen:
Sie traf sich mit meinem Bruder(,) und dessen Freund war auch mitgekommen. (a) *(Man könnte zunächst lesen: Sie traf sich mit meinem Bruder und dessen Freund ...)*

Jana fotografierte ihren Freund(,) und meine Freundin lag in der Sonne. (a)

Tina und Dominik warten auf euch(,) oder die anderen gehen schon voraus. (a)

Gar nicht so selten machte Florian einen Gegenbesuch(,) und manchmal wurde es sehr spät, wenn sie dann noch eine kleine Bootsfahrt auf dem See unternahmen. (b)

Aufgabe 9:

Miriam ist befreundet mit Micha, der in der 8 a ist, und beide stehen in der Pause oft zusammen.

Seite 36

Aufgabe 10:

Herr Reinstädler fährt alle Gäste mit seinem Auto nach Hause, weil es ziemlich spät geworden ist.

Aufgabe 11:

Weil sie morgen wieder früh raus muss, ist Nadine schon etwas eher gegangen.

Nachdem Herr Reinstädler wieder da ist, hilft er beim Aufräumen.

Seite 37/38

Aufgabe 12:

Auf der Party kriegen alle mit , dass Lars und Kati sich mögen.
Weil sie gern zusammen sein möchten, versorgen Reni und Falk die anderen mit Grillwürstchen.
Nachdem Tim und Ute den ersten Tanz gewagt haben, stürzen sich auch die anderen Partygäste ins Getümmel.
Obwohl kein Alkohol getrunken werden darf, tanzt Ingo bereits um 10 Uhr auf dem Eichentisch.
Karen sagt über Lautsprecher an, dass das Salatbüfett gestürmt werden darf.
Bis alle mit Tellern versorgt sind, hat sich Niko schon zweimal einen Nachschlag geholt.

Aufgabe 13:

Zum Beispiel:
Dass Lars und Kati sich mögen, kriegen auf der Party alle mit.
Reni und Falk versorgen die anderen mit Grillwürstchen, weil sie gerne zusammen sein möchten.
Ingo tanzt bereits um 10 Uhr auf dem Eichentisch, obwohl kein Alkohol getrunken werden darf.

Aufgabe 14:

Zum Beispiel:
Lara hofft darauf, dass die Aufführung ein voller Erfolg wird.
Dass die Aufführung ein voller Erfolg wird, darauf hofft Lara.
Corinna ist überzeugt davon, dass Carsten sehr zuverlässig ist.
Dass Carsten sehr zuverlässig ist, davon ist Corinna überzeugt.
Lars glaubt, dass Kati ihn mag.
Dass Kati ihn mag, das glaubt Lars.
Georg ist fest davon überzeugt, dass er diesmal in Mathe mindestens eine Drei geschafft hat.
Dass er diesmal in Mathe mindestens eine Drei geschafft hat, davon ist Georg fest überzeugt.

Seite 38/39

Aufgabe 15, 16:

Susanna, die mit Ingo befreundet ist, muss die Fete eher verlassen.
Nadja versucht Ingo zu trösten, der den ganzen Abend traurig in der Ecke sitzt.
Tina, die die Getränke eingekauft hat, und Lars räumen die Flaschen zusammen.
Karen, die zusammen mit Christian die Klassen-Fete vorbereitet hat, teilt für alle Erdnusskerne aus, die sie am Tag zuvor im Supermarkt gekauft hat.
Juliana, die neu in der Klasse ist, und Björn haben sich angefreundet.

Aufgabe 17:

Sven tanzt mit Anna, die Jochens Freundin ist.
Lisa, die zusammen mit Jana das Aufräumen übernommen hat, ist verschwunden.
Marcus, der sich um die Musik gekümmert hat, vermisst am Ende der Fete einige seiner Silberscheiben.

Seite 39

Aufgabe 18:

Daniel sucht nach Annette, mit der er noch etwas Wichtiges bereden möchte.
Thomas ruft nach Stefanie und Katharina, über die er sich gerade noch lustig gemacht hat.

Seite 40/41

Aufgabe 19:

a) macht, b) mag, c) soll/hat, d) komme, e) habe/habe

Aufgabe 20:

Kurioses aus der Zeitung

Nachdem eine Feldhase auf einer Kreisstraße bei Ingolstadt eine Karambolage hatte, beging er Unfallflucht. Nach Polizeiangaben war der Hase aus einem Gebüsch auf die Straße gesprungen, als sich ein Motorradfahrer mit Tempo 80 näherte. Weil der Hase gegen das Vorderrad des Motorradfahrers prallte, geriet der Fahrer ins Schleudern und landete mit leichten Verletzungen in einem Rübenacker. Die Fahndung eines Jagdpächters, die unmittelbar danach einsetzte, blieb leider ohne Erfolg.

Weil das Futter in einem Tierpark der argentinischen Hauptstadt offenbar ungenießbar war, nutzten zwei Schimpansen eine aus Versehen geöffnete Käfigtür und suchten flugs das Weite. Im nächsten Café hockten sie sich in aller Ruhe zu den Gästen, die ihnen einige Croissants überließen. Während der Schimpanse Coco sich anschließend bereitwillig von einem Wärter einfangen ließ, musste Silvio erst betäubt werden, bevor man ihn in den Tierpark zurückbringen konnte.

Ein kleiner Hund, der auf seinem Weg nach Hause 75 Kilometer zurücklegte, überquerte dabei sogar einen großen Fluss. Der drei Jahre alte Terrier, der bei einem Autostopp an einer Raststätte seiner Halterin entwischt war, hatte sich allein auf den Weg nach Hause gemacht. Seine Besitzerin merkte erst eine Stunde später, als sie am Ziel ihrer Reise war, dass sich ihr Hund unterwegs abgesetzt hatte. Nachdem die Suche zunächst vergeblich geblieben war, fand ein Mann zum Glück das gesuchte Tier festgeklemmt in einem Stacheldrahtzaun, der nur einen Kilometer vom Haus der Besitzerin entfernt war.

Er habe sehr viel Glück gehabt, sagte ein Sprecher der US-Küstenwache, die den 38jährigen David Miles aus dem Wasser geborgen hatte. Miles berichtete, er sei von einem Hai von hinten angegriffen und mit dem Kopf voran bis zu den Schulterblättern verschlungen worden. Dann habe der Hai ihn wieder ausgespien, weil er offenbar bemerkt habe, dass er sich in seiner Beute geirrt hatte. Der Taucher, der einen Gummianzug trug, verdankte diesem ganz offensichtlich sein Leben.

Seite 41/42

Aufgabe 21:

Bekannte und weniger bekannte Sprichwörter
Wer lesen und schreiben kann, hat vier Augen.
Was du nicht willst, das man dir tu, das füg auch keinem andern zu.
Man wirft seine alten Schuhe nicht weg, bevor man neue hat.
Während die Weisen nachgrübeln, erobern die Dummen die Festung.
Wer den Schaden hat, braucht für den Spott nicht zu sorgen.
Wie man in den Wald hineinruft, so schallt es heraus.
Wenn zwei sich streiten, freut sich der Dritte.
Hunde, die bellen, beißen nicht.
Der Krug geht so lange zum Wasser, bis er bricht.
Sage nicht alles, was du weißt, aber wisse immer, was du sagst.
Was ich nicht weiß, macht mich nicht heiß.
Niemand kann auf einen Baum steigen, der keine Äste hat.

Sprüche
Was ich nicht weiß, lässt mich kalt.
Ich weiß wohl eine Lösung, aber die passt nicht zu meinem Problem.
Wer eine Glatze hat, braucht sich nicht mehr die Haare zu raufen.
Paradox ist, wenn sich zwei Glatzköpfe in die Haare geraten.
Wenn der Hahn kräht auf dem Mist, weißt du, dass du im Urlaub bist.
Der Klügere gibt so lange nach, bis er der Dumme ist.
Wer barfuß geht, dem kann man nichts in die Schuhe schieben.
Wer heute den Kopf in den Sand steckt, knirscht morgen mit den Zähnen.
Wer sich selbst nichts vormacht, braucht anderen nichts nachzumachen.
Experten lernen so lange über wenig, bis sie alles über nichts wissen.
Der Theoretiker weiß genau, wie es geht, aber es geht nicht.
Der Praktiker weiß nicht, wie es geht, aber es geht.
Wer sich bremst, dem quietscht die Seele.
Woher soll ich wissen, was ich meine, bevor ich gehört habe, was ich sage.
Was nutzt der Tiger im Tank, wenn ein Kamel am Steuer sitzt.
Bescheidenheit ist die Kunst, die anderen herausfinden zu lassen, wie wichtig ich bin.

Seite 42

Aufgabe 22:

Er und sie – Eine Geschichte in acht Bildern

Er gesteht ihr seine Liebe, aber sie verschmäht ihn.
Sie sitzt ablehnend auf dem Sofa, während er mit einem Schmuckstück um ihre Gunst wirbt.
Er eilt ihr mit einem größeren Geschenk entgegen, doch sie lässt ihn wieder abblitzen.
Er versucht es mit einer weiteren Kostbarkeit, sie bleibt allerdings weiterhin abwartend.
Obgleich er ein riesiges Geschenk heranschleppt, bleibt sie eisig.
Er guckt betreten, als sie sich auch durch einen Pelzmantel nicht beirren lässt.
Er fährt mit einem Sportwagen vor und schaut lachend zu ihrem Fenster hoch.
Sie schaut betreten aus dem Fenster, als er ihr freundlich lächelnd den Inhalt des Wagens präsentiert.

Seite 43

Aufgabe 1:

Der verkürzte Nebensatz heißt: falls nötig.

Aufgabe 2:

Vielleicht, dass mir das auch passiert
Es kann vielleicht sein, dass mir das auch passiert.
Was tun, wenn er mich fragt.
Was soll ich tun, wenn er mich fragt.
Kann sein, dass sie kommt.
Es kann sein, dass sie kommt.
Gut möglich, dass wir uns treffen.
Es ist gut möglich, dass wir uns treffen.

Aufgabe 3:

Wenn du mitkommst, stelle ich sie dir vor.
Wenn du mir hilfst, helfe ich dir.
Stell dir vor, dass keiner kommt.

Seite 44

Aufgabe 4:

Einige Schülerinnen und Schüler aus der Theatergruppe wollen sich im Rahmen der Schul-Theaterwoche, die demnächst stattfindet, einige Stück ansehen, weil sie meinen, dass sie dadurch Anregungen für das eigene Spiel erhalten.
Der AG-Leiter erklärt den Schülern, dass es Stücke gibt, in denen während der Aufführung eine Aufführung stattfindet, weil in diesem Falle durch die Verdoppelung des Mediums die Wirkung umso deutlicher wird.
Jana übernimmt in Goldonis Stück, für das sich die Gruppe entschieden hat, eine Rolle, die ihr besonders auf den Leib geschrieben scheint.
Für Tom, der im Fach Mathematik seine Probleme hat, ist das Spielen auf der Bühne ein besonderes Vergnügen, weil er von allen Spielerinnen und Spielern, die ihn immer wieder bestätigen, Anerkennung erhält.

Aufgabe 5:

Der Regisseur macht Tom darauf aufmerksam, dass er langsamer sprechen soll, dass er lauter reden muss und dass er dem Publikum nicht zu oft den Rücken zukehren darf.

Die Generalprobe des Stückes, bei der alles Mögliche schiefläuft, weil nicht alle Requisiten da sind, weil die Beleuchtung nicht klappt und weil einige Mitspielerinnen und Mitspieler noch Schwierigkeiten mit ihrem Text haben, ist für alle eine große Enttäuschung.

Die Deutschlehrerin(,) Frau Sundermann, die Regie führt, tröstet die Schüler, indem sie ihnen erklärt, dass eine Generalprobe, die missglückt ist, möglicherweise ein gutes Vorzeichen für die erste Aufführung ist.

Die Premiere des Stückes in der Schulaula, die bis auf den letzten Platz gefüllt ist und bei der alle sehr aufgeregt sind, beweist, dass Frau Sundermann mit ihrer Erklärung Recht hatte.

Seite 45

Aufgabe 6:

CD-Rom: Totengräber des Buches?
Die „Gameboy-Generation", die bereits mit dem Computer aufwächst, die nichts dabei findet, mit der Maus auf die Menüzeile zu klicken oder einen Doppelklick auf ein Icon auszuführen, diese Generation wird zunehmend dem Lesen von Büchern entwöhnt.
Sie reagiert mehr auf visuelle Reize als auf den Spannungsbogen, der einem Satz innewohnt. Es ist offensichtlich, dass andere Medien wie Computer, Fernsehen oder bunte Magazine dafür umso mehr ihre Aufmerksamkeit gewinnen. Eine Studie hat herausgefunden, dass sich 36 Prozent aller Jugendlichen zwischen sechs und siebzehn Jahren in ihrer Freizeit am liebsten mit ihrem Computer beschäftigen. Verkaufszahlen beweisen, dass Computer- und Rollenspiele auf dem Vormarsch sind. In manchen Computerspielen können Jugendliche in eine vorgestellte Welt abtauchen und sich scheinbar völlig frei bewegen. Bislang gibt es ein wichtiges Medium, das diesen Vorlieben Jugendlicher die Basis geben kann: die CD-ROM. Die Silberscheibe hat so viel Speicherplatz, dass sie auch noch so verzwickte Handlungsstränge aufzunehmen und miteinander zu verknüpfen vermag. Noch vor ein paar Jahren, als das „elektronische Buch" auf der Buchmesse die ersten Gehversuche unternahm, wurde es von den

Verlagen belächelt. Heute verkünden manche Marktbeobachter bereits, der Markt sei reif und die Aussichten rosig.

Buch und Bites
Nicht wenige Experten behaupten, dass die neuen elektronischen Medien das Buch bisher nicht gefährden konnten. Zum weltweiten Umsatzwachstum der Bücherbranche trugen allerdings auch gestiegene Papierpreise bei, wodurch Bücher im Durchschnitt etwas teurer wurden. Überraschenderweise wird gerade dort viel gelesen, wo es die meisten Computerbesitzer und Internetbenutzer gibt, und zwar in Skandinavien. So ist bekannt, dass Norwegen im Jahre 1996 bei der Internet-Nutzung weltweit auf Platz drei liegt. Nirgends auf der Welt wird so viel Lesestoff gekauft wie in Norwegen, denn die Statistiken von 1995 beweisen, dass Norweger je Kopf für rund 100 Euro Bücher kauften. Auf Platz 2 liegen die Deutschen, von denen jeder für 90 € Gedrucktes anschaffte.

Seite 46

Das Buch und die neuen Medien
Etliche Fachleute sind sich darüber einig, dass das Buch unter Schülern den ungleichen Wettlauf mit dem Fernsehen noch nicht verloren hat. Tatsächlich wenden sich Schüler wieder mehr aktiven Freizeitbetätigungen zu, auch der Lektüre. Wesentlich, so urteilen Lehrer, ist das Umfeld der Schüler. Ein Hamburger Gymnasium berichtet von einem Freundeskreis, in dem man sich vorliest. Für viele Jugendliche ist die Isolation, die mit dem Lesen verbunden ist, eine besonders hohe Hemmschwelle, die sie nur schwer überwinden können.
Nach Aussagen von Lehrern sind Schülerinnen und Schüler vor allem dann besonders aufgeschlossen gegenüber Büchern, wenn auch zu Hause viel gelesen wird. Wenn dort Bücher keine Rolle spielen, haben es die Deutschlehrer schwer.
Die allerdings, behaupten manche Schriftsteller, sind an der Leseunlust nicht mehr ganz unschuldig. Die schlimmste Waffe sei die Interpretation, die das Desinteresse an Literatur verbreitet. Eine Hamburger Lehrerin räumt ein, wer acht Wochen ein einziges Schauspiel behandele, könne es den Schülern tatsächlich vergällen. Andererseits gefalle manchen ein Werk erst richtig, wenn es eingehend analysiert worden sei. Besserung erhoffen sich viele Deutschlehrer von einer breiteren Literaturpalette im Unterricht, die auf die jugendliche Lebenswelt reagiert und andere Medien „öffnet".

Sprichwörter zum Buch
Ein Buch ist wie ein Garten, den man in der Tasche trägt.
Das Buch ist der bequemste Freund, mit dem man sich unterhalten kann, so lange und so oft man will.
Erst durch Lesen lernt man, wie viel man ungelesen lassen kann.

Seite 47

Aufgabe 7:

Sie achtete sehr darauf, genügend Proviant für die Wanderung einzupacken.
Ihm gefiel es, durch die Allee zur Schule zu gehen.
Er unternahm einen letzten Versuch, sie doch noch umzustimmen.
Wir wollen diesmal lieber früh loslaufen, statt uns am Ende wieder beeilen zu müssen.

Aufgabe 8:

Sie gingen früh zur Premiere, um noch gute Plätze zu bekommen.
Viele waren sehr darauf gespannt, Maik in seiner Rolle als Möbius zu sehen.
Ohne ein einziges Mal zu stocken, hielt Roman seinen Monolog.
Nach der gelungenen Aufführung fasste Anne den Entschluss, sich das nächste Mal für eine Hauptrolle zu bewerben.
Nachdem der Vorhang gefallen war, dachte keiner daran, gleich zu gehen.
Alle Beteiligten setzten sich noch zusammen, um den Erfolg zu feiern.
Statt das gleiche Stück noch mehrmals aufzuführen, einigte sich die Theater-AG darauf, eine neue Aufführung vorzubereiten.
Um wieder mehr Zeit für ihre anderen Hobbys zu haben, verließ Tamara die Theater-AG.
Robert und Christian freuten sich auf die Gelegenheit, diesmal selbst für das Bühnenbild und die Kostüme zu sorgen.
Maike, Josefine und Mehmet setzten sich dafür ein, als nächstes Stück „Andorra" von Max Frisch aufzuführen.

Seite 48

Aufgabe 9:

Er liebte es, lange Fahrradtouren zu unternehmen, und fuhr dabei auch oft Waldwege.
Er nahm das Fahrrad, statt es im Hof abzustellen, oft mit in die Wohnung.
Sie setzte sich, um abschalten zu können, abends noch eine Stunde vor den Fernseher.
Machte sie das, um ihn zu ärgern, oder tat sie es unabsichtlich?
Wer eine längere Tour macht, ohne genügend Wasser mitzunehmen, wird das bald bereuen.
Sie musste den Plan, Ostern zu verreisen, leider aufgeben.

Aufgabe 10:

Die Größten fressen die Kleinsten
Einige der größten Wale ernähren sich ausschließlich von Kleinstlebewesen, wie z. B. sehr kleinen Krebsen, die im Wasser der Ozeane treiben. Um genügend Nährstoffe aufzunehmen, müssen die Wale natürlich enorme Mengen vertilgen. Im Maul der Meeressäuger bilden Barten (dünne Hornstreifen) eine Art Sieb, das dazu dient, die Tierchen aus dem Wasser zu filtern. Zahnwale dagegen machen Jagd auf größere Beute: Delphine zum Beispiel haben die Fähigkeit entwickelt, in Gruppen zu jagen. Sie stoßen Laute aus, um Fischschwärme zusammenzutreiben und die einzelnen Tiere leichter greifen zu können. Schwertwale sind dafür bekannt, auch größere Meeressäugetiere wie z. B. Robben oder sogar kleinere Wale anzugreifen. Pottwalen ist es möglich, auch die Tiefsee als Nahrungsquelle zu nutzen: Um dort lebende Riesenkraken zu fangen, tauchen sie bis zu 1000 Meter tief hinab.

Seite 49

Aufgabe 12:

Sie rieten, ihm ganz schnell zu folgen.
Sie rieten ihm, ganz schnell zu folgen.

Carla sagt, Vanessa sei die Beste.
Carla, sagt Vanessa, sei die Beste.

Sie verbietet, ihm solche Witze zu erzählen.
Sie verbietet ihm, solche Witze zu erzählen.

Tanja erzählt, Boris habe ...
Tanja, erzählt Boris, habe ...

Wir fahren morgen mit dem Auto, einem Wohnmobil, und dem Anhänger in den Urlaub.
Wir fahren morgen mit dem Auto, einem Wohnmobil und dem Anhänger in den Urlaub.

Er erwartet, morgen ...
Er erwartet morgen, von ihr ...

Sabina verspricht ihrem Freund, morgen ...
Sabina verspricht, ihrem Freund morgen das Buch ...

Seite 50

Aufgabe 13:

[6] Steffi nimmt an der Foto-AG teil, weil Pauline auch kommt.
[7] Sven verabredet sich mit Tina, die er sehr mag, weil sie ihm bei der Mathe-Arbeit geholfen hat.
[4] [8] „Kommst du mit, Laura?", fragt Max.
[2] Karen will mitkommen, aber nicht sehr lange.
[3] Georg, mein bester Freund, muss für eine Woche ins Krankenhaus.
[1] Svetlana möchte heute joggen, anschließend ins Schwimmbad fahren und abends noch eine Fete besuchen.
[5] Sven fährt mit zum Segeln, doch Nadja hat kein Interesse an dieser Sportart.

Seite 51

Von Tieren und Menschen

Der Farmer und der Löwe
Ein Farmer, der sich am Rand der Steppe angesiedelt hatte, wurde von seinem Hund während eines Jagdgangs auf ein Waldstück aufmerksam gemacht.
Weil er Gefahr fürchtete, ging er den Ort vorsichtig an.
Auf einer Lichtung erspähte er einen Löwen, der am Verenden war.
Das Tier lag wie ein Gerippe im dürren Gras, von dem es sich kaum unterschied.
Das Fell hing über ihm als fahle Decke, durch die sich die Knochen abzeichneten.
Als der Farmer dicht vor dem kranken Tier stand, bemerkte er etwas Merkwürdiges.
Er sah, dass ein Schildkrötenpanzer dem Löwen den Rachen versperrte.
Offenbar hatte der Löwe, als er Hunger verspürte, mangels anderer Nahrung eine Schildkröte aufzubrechen versucht.
Weil den Farmer das große Tier dauerte, eilte er nach Hause.
Er holte Werkzeug, mit dem er den Löwen von seiner Plage befreien konnte.
Das große Tier, es lag hier offenbar schon seit Tagen, blieb reglos auf der Lichtung ausgestreckt.
Der Farmer holte Wasser in einem Eimer. Zu seiner Freude bemerkte er, dass der Löwe zu trinken begann.
Er versorgte den Löwen nun jeden Tag(,) und bald nahm der Löwe auch das Fleisch einer geschlachteten Ziege an.
Die Augen des Löwen wurden lebhaft, wenn er seinen Retter sah.
Eines Tages, als der Farmer wiederkam, fand er das Wundbett leer.
Der Löwe, ein gewaltiges Tier, trat plötzlich auf die Lichtung, aber er näherte sich nicht. Er begann(,) sich auf den Pranken zu wiegen.
Der Farmer, der ein mutiger Mann war, begriff, dass das große Tier ihn nicht erschrecken wollte. Er wollte ihm nur seinen Dank sagen.
Von nun an bemerkte der Farmer immer den Löwen, wenn er das Revier betrat. Der Löwe begleitete ihn, weil er ihn beschützen wollte, bewachen wollte, ihm Wild zutreiben wollte. So hatte sich der Farmer den König der Tiere zum Freunde gemacht.

Seite 52

Was ist ein Menschenaffe?
Menschenaffen gehören zu den Lieblingen der Zoobesucher. Der mächtige Gorillamann mit dem silbernen Rücken, der Orang-Utan mit seinen Backenwülsten und den langen roten Haaren, die übermütigen Schimpansenkinder mit den großen Ohren, die unermüdlich turnenden Gibbons – wer kennt sie nicht? Sicher hast auch du schon im Zoo vor ihren Anlagen gestanden, ihnen zugeschaut und gestaunt oder gelacht und dich an den Kunststücken und Streichen der drolligen Gesellen gefreut!
Ist dir dabei aufgefallen, wie ähnlich sie uns in ihrem Verhalten sind? Wie ihre Gesichter manchmal genau die gleichen Empfindungen – Zorn, Spaß, Staunen, Neugierde, Angst – widerspiegeln, die wir in der gleichen Situation wohl auch empfinden würden? Gerade weil ihr Gesichtsausdruck so „sprechend" ist, haben wir auch das Gefühl, dass wir Menschenaffen besonders gut verstehen.

„King Kong" und „Bobby": ein falsches Bild
Nur: So weit war man auch in der ersten Hälfte des zwanzigsten Jahrhunderts noch lange nicht! Der 1932 gedrehte Film über den Riesengorilla „King Kong" – halb Mensch, halb Bestie – ist bezeichnend für das Bild, das man von Menschenaffen noch immer hatte. Wie wenig man ihre Bedürfnisse kannte, zeigte sich etwa in zoologischen Gärten, wo die großen Affen meist einzeln hinter armdicke Eisenstangen gesperrt wurden. Als Futter wurde ihnen vorgesetzt, was man damals für geeignet hielt: zum Beispiel „Hausmannskost mit Brot und Mus" oder „Butterbrot mit Blutwurst oder Hackfleisch". Kein Wunder – die Menschenaffen wurden oft fett und krank! Der berühmte „Bobby" im Berliner Zoo brachte bereits mit sechs Jahren – was einem Menschenalter von etwa zwölf Jahren entspricht – ein Gewicht von 200 Kilogramm auf die Waage. So viel wiegt normalerweise ein ausgewachsener, stattlicher Gorillamann! Immerhin war „Bobby" der erste Gorilla, der in einem Zoo das Erwachsenenalter erreichte, also länger lebte als nur ein bis zwei Jahre.
Nicht nur in zoologischen Gärten, sondern auch in Zirkussen und Straßentheatern wurden Menschenaffen lange als Zerrbilder von Menschen lächerlich gemacht. Sie mussten(,) mit Lätzchen bekleidet(,) am Tisch sitzen und manierlich Brei löffeln oder im Matrosenanzug übers Seil radeln – zum Spaß der Zuschauer, die gar nicht merkten, dass sie über ihr eigenes Spiegelbild lachten!

Seite 53

„Bunte Mischung" aus Literatur und Alltag

Sicherheit auf der Skipiste
Jeder, der in den Wintersport fährt, sollte daran denken, dass auch auf Skipisten eine Ordnung herrscht, die Ähnlichkeit mit der Straßenverkehrsordnung hat. Wichtig ist auch, dass die Skifahrer auf die Natur der Bergwelt Rücksicht nehmen. Da Wildtiere auf schneearmen Südhängen ihr spärliches Winterfutter finden, sollte man diese Gebiete meiden. Der Skifahrer sollte sich an markierte Loipen, an Pisten oder bestimmte Routen halten. Lärmen, Skifahren bei Dämmerung und das Tiefschneefahren im Wald sollten unterbleiben.
Gebote für Skifahrer:

- Jeder Skifahrer muss sich so verhalten, dass er keinen anderen gefährdet.
- Der Skifahrer, der von hinten kommt, muss seine Fahrspur so wählen, dass der vorausfahrende Skifahrer von ihm nicht gefährdet wird.

- Überholt werden darf nur, wenn man dem überholten Skifahrer für seine Bewegungen genügend Raum lässt.
- Bevor man eine Abfahrtstrecke überquert, muss man sich vergewissern, dass man dies ohne Gefahr für andere tun kann.
- Der Skifahrer muss vermeiden, dass er sich an unübersichtlichen Stellen einer Abfahrtstrecke aufhält.
- Wenn er gestürzt ist, muss er die Strecke schnell wieder frei machen.
- Wenn ein anderer Skifahrer einen Unfall hat, ist jeder zur Hilfe verpflichtet.

Seite 54

Der Kulak und sein Knecht
Ein geiziger, schlauer Kulak, der gerne seine Knechte vom Morgen bis zum Abend arbeiten ließ, gab dem neuen Knecht Iljitsch morgens das Frühstück, das sehr gering bemessen war. Das verzehrte der Knecht, ohne recht zu merken, dass er überhaupt etwas in den Magen kriegte. Der Kulak fragte den Knecht daraufhin, ob er nicht gleichzeitig auch zu Mittag essen wolle. Dann brauche er nichts aufs Feld mitzuschleppen. Der Knecht willigte ein und meinte, er solle ihm gleich das Mittagessen geben. Als er das verzehrt hatte, fragte der Kulak wieder, ob er vielleicht auch gleich zu Abend essen wolle. Dann verliere er nach Arbeitsschluss keine Zeit und könne sofort zu Bett gehen. Der hungrige Knecht bejahte auch dies und verzehrte das Abendbrot. Dann fragte er den Herrn, wo er denn schlafen gehen könne. Wieso er denn vom Schlafen rede und wer denn die Arbeit machen solle, meinte der erstaunte Kulak. Der Knecht fragte daraufhin erstaunt seinen Herrn, ob er je erlebt habe, dass anständige Leute nach dem Abendessen noch zur Arbeit gehen würden. Nach dem Abendessen gehöre man ins Bett. Und er streckte sich auf dem Sofa aus und schnarchte.

Freunde?
Zwei gut befreundete Männer gingen durch einen Wald, als ganz unvermittelt ein großer Bär auf dem Waldweg stand. Der eine der beiden Männer lief in aller Eile davon und kletterte auf einen Baum, der andere dagegen blieb auf dem Wege. Er legte sich auf allen vieren stocksteif hin und stellte sich tot.
Der Bär kam gemächlich auf ihn zu und beschnupperte ihn von allen Seiten. Der Mann hielt seinen Atem an, weil der Bär ihm jetzt ganz nahe kam. Dieser hielt den Mann offensichtlich für tot und trollte sich ins Dickicht. Als der Bär verschwunden war, kam der andere Mann vom Baum herunter und fragte lachend seinen Freund: „Der Bär hat doch dein Ohr berührt, was hat er dir denn zugeflüstert?" Darauf antwortete der Gefragte: „Stell dir vor, er hat mir gesagt, dass ein richtiger Freund sich erst in einer Notsituation als Freund erweist."

Seite 55

Einer
Einer, der ist einer, der durch die Lande zieht. [...]
Wenn die Leute von ihm sprachen, sagten sie zum Beispiel: „Da schläft einer am Tag auf der Wiese." oder: „Da hat einer Eier gestohlen." oder: „Da geht einer vorbei." Und dort, wo er öfter hinkam, grüßten ihn die Kinder auf der Straße. Und sie liefen hinter ihm her und baten ihn: „Herr Einer, schenk uns was!" Da suchte Einer in den Taschen seiner Hose und seines Rockes, kehrte die Taschen um und zeigte den Kindern, dass sie leer waren. Doch fand er immer etwas, was er ihnen schenken konnte:
eine Vogelfeder,
einen Stein, der am Weg lag,
ein Stück von einer Wurzel,
eine Glasscherbe,
eine Eierschale,
einen Messingknopf,
einen Knochen oder
eine Distelblüte.

Das Zeugnis
Ich kam mit dem Schulzeugnis nach Hause, in dem ein schrecklicher Satz zu lesen war, ein Satz, vor dem mein ganzes Dasein zerbrechen wollte. Ich ging mit diesem Satz große Umwege, wagte mich nicht mit ihm nach Hause, sah immer wieder nach, ob er nicht plötzlich verschwunden war, doch er stand immer da, klar und deutlich.
Als ich schließlich doch nach Hause kam, weil ich nicht die Kühnheit hatte, mich als Schiffsjunge nach Amerika anheuern zu lassen, saß bei meinen Eltern Fritz W.
„Was machst du denn für ein betrübtes Gesicht?", rief er mir zu. „Ist es ein schlechtes Zeugnis?", fragte meine Mutter besorgt(,) und mein Vater blickte mich an, als sehe er alles Unheil der Welt hinter mir aufgetürmt.
Ich reichte das Zeugnis meiner Mutter hin, aber Fritz riss es mir aus der Hand und las es schon und brach in schallendes Gelächter aus. „Nicht versetzt!", rief er und schlug sich mit seiner kräftigen Hand auf die Schenkel. „Nicht versetzt!", rief er noch einmal, während meine Eltern abwechselnd ihn und mich verstört anstarrten, und zog mich zu sich heran und schlug mir auf die Schultern. „Nicht versetzt, genau wie ich!", rief er, „ich bin viermal sitzen geblieben."
Damit war die Todesangst zerstäubt, alle Gefahr war vergangen. Aus den verwirrten Gesichtern meiner Eltern konnte sich keine Wut mehr hervorarbeiten, sie konnten mir nichts mehr vorwerfen, da ja Fritz W., dieser tüchtige und erfolgreiche Mann, alle Schuld von mir genommen hatte und mich dazu noch besonderer Ehrung für würdig hielt.

Seite 56

Das Urteil
Ein Geistlicher wurde gefragt, welches die peinlichste Erfahrung sei, die er während des Predigens gemacht habe.
„Das war so", erzählte er. „Gerade als ich begonnen hatte, kam eine ältere Dame mit strenger Miene und setzte sich dicht vor die Kanzel. Sie öffnete ihren Handbeutel, schraubte die Teile eines Hörrohres zusammen und hielt es nun an ihr Ohr. Nach genau zehn Minuten meiner Predigt nahm sie plötzlich ihr Hörrohr ab, schraubte die Teile auseinander, legte sie säuberlich beiseite und blieb die ganze übrige Predigt lang still sitzen."

Konsequenter Unfall
Sehr geehrte Versicherung,
mir ist ein Unfall widerfahren(,) und das ging folgendermaßen zu: Auf dem Dachboden meines zweistöckigen Hauses hatte ich einen Posten Ziegelsteine lagern, den ich nach unten befördern wollte. Dazu ersann ich folgende Vorrichtung: Im Innern des Dachbodens befestigte ich einen Balken, an dessen nach außen ragendem Ende eine Rolle angebracht war. Über diese Rolle warf ich ein Seil(,) und dessen langes Ende schlang ich unten um einen Baum. An das obere Ende band ich ein hölzernes Waschschaff, in welches ich die Ziegelsteine legte. Dann ging ich nach unten, machte das Seil vom Baum los und hielt es fest. Dabei stellte sich heraus, dass das Schaff mit den Ziegelsteinen schwerer war als ich. Es fuhr herunter(,) und ich fuhr hinauf. Als das Schaff an mir vorbeifuhr, schürfte es mir die linke Seite auf. Ich kam oben an und stieß mit

dem Kopf heftig gegen den Balken. Das Schaff kam unten an und brach durch den Aufprall entzwei. Die Ziegelsteine fielen infolgedessen heraus(,) und das Schaff war nun leichter als ich. Ich fuhr herunter(,) und das Schaff fuhr hinauf. Als es an mir vorbeifuhr, schürfte es mir die rechte Seite auf. Das Schaff kam oben an(,) und ich kam unten an. Durch den Sturz brach ich mir zwei Rippen(,) und vor Schmerz ließ ich das Seil los. Da fuhr das Schaff wieder herunter und traf mich auf den Kopf. Ich bitte sie hochachtungsvollst(,) mir diesen Unfall liebenswürdigerweise zu vergüten.

Rabe und Fuchs
Ein Rabe hatte einen Käse gestohlen, flog damit auf einen Baum und wollte dort in aller Ruhe seine Beute verspeisen. Ein hungriger Fuchs, der des Weges kam, lobte den Raben auf folgende Weise: „Oh, Rabe, was bist du für ein herrlicher Vogel. Wenn dein Gesang ebenso schön ist wie dein Gefieder, sollte man dich zum König der Vögel krönen."
Dem Raben taten diese Schmeicheleien so wohl, dass er seinen Schnabel weit aufsperrte, um dem Fuchs eine Probe seiner Sangeskunst zu geben. Dabei entfiel ihm der Käse, den der Fuchs eilig aufnahm und verschlang.

Seite 57

Das Märchen vom Fuchs und dem Raben
Ein Rabe saß auf einem Baum und wollte sich gerade daranmachen(,) ein schönes großes Stück Käse zu verzehren, das er kurz zuvor gestohlen hatte. Aber vom Duft des Käses angelockt(,) kam der Fuchs hinzu, stellte sich unter den Baum und überlegte, wie er dem Raben den Käse wegnehmen könne. Schließlich fiel ihm eine List ein(,) und er rief: „Ach, Herr Rabe, entschuldigt die Störung, aber könntet Ihr mir nicht ein wenig von Eurem Käse abgeben?"
Der Rabe, der nicht einsehen konnte, was daran wohl listig sei, schüttelte nur den Kopf und behielt den Käse fest im Schnabel.
Da verfiel der Fuchs auf eine noch größere List: „Herr Rabe, ich habe gehört, dass Ihr so ein begnadeter Sänger sein sollt. Um ehrlich zu sein, ich kann es nicht recht glauben. Wollt Ihr mir nicht eine Kostprobe Eurer herrlichen Stimme geben?"
Der Rabe aber wollte nicht und schüttelte den Kopf. Doch der Fuchs ließ nicht locker. „So ist es also wahr, dass Ihr nur ein schauriges Gekrächze von Euch geben könnt? Dann stimmt es also gar nicht, dass Ihr noch viel schöner singt als die Nachtigallen? Dann wundert es mich allerdings nicht, dass es kaum jemanden gibt, der Euch für einen bedeutenden Sänger hält."
Dieser Provokation konnte nun selbst der Rabe nicht widerstehen. Er öffnete den Schnabel, ließ den Käse fallen und begann zu singen. Diesen wunderbaren Gesang hörte ein Musikagent, der gerade des Weges kam.
Er engagierte den Raben vom Fleck weg(,) und heute ist dieser Rabe unter dem Namen Peter Alexander in der ganzen Welt berühmt und einer der bedeutendsten Raben überhaupt.
Und die Moral von der Geschichte: Wenn man Gold in der Kehle hat, soll man den Schnabel aufmachen. Und wenn dabei der Käse herausfällt, dann macht das gar nichts, denn der Rabe lebt heute nur von den allerfeinsten Käsesorten, während der Fuchs als Aushilfssänger bei den Neckar-Kosaken durch die Lande tingeln muss.

Seite 58

Vom Wald

Eine kleine Geschichte des Waldes
Waldschäden und Baumsterben, durch menschliche Einflüsse hervorgerufen, sind nicht erst in unserer Zeit zum Problem geworden.
Tatsächlich reicht die Geschichte der Waldzerstörung bis in die Epoche des Römischen Reiches, in die Blütezeit des alten Griechenlands und die kulturelle Glanzzeit der Karthager zurück: Sie alle benötigten Unmengen an Holz für den Bau von Kriegsschiffen, Wohnhäusern und als Brennmaterial für ihre Ziegeleien. Riesige Wälder wurden abgeholzt, die entstandenen Äcker bebaut; doch der Boden blieb nicht lange fruchtbar: Der Regen spülte die nährstoffreichen Schichten, zuvor von den Pflanzenwurzeln festgehalten, davon. Die Folge waren felsige Landstriche – oder das Vordringen der Wüste.
In Germanien ließ man die Wälder bis ins hohe Mittelalter nahezu unberührt. Zu groß war die Ehrfurcht vor den dunklen Landstrichen, in denen allerlei Geister und Gottheiten ihren Wohnsitz haben sollten.
Doch der Bevölkerungsanstieg und das sich verbreitende Christentum verringerten die Angst vor den göttlichen und schrecklichen Waldbewohnern. Man brauchte Nahrung – und somit auch Ackerland. Weite Flächen wurden gerodet(,) und lediglich Kriege – für die Menschen eine Katastrophe – brachten dem Wald zeitweise Erholung: Im Dreißigjährigen Krieg starb nahezu die Hälfte der Bevölkerung, die Landwirtschaft kam erst allmählich wieder in Bewegung. Dennoch wäre der Wald – als „Störfaktor" für den Ackerbau und als Brennstofflieferant – sicher nicht zu retten gewesen, hätte nicht mit der im 19. Jahrhundert einsetzenden Industrialisierung die Kohle das Holz als Brennstofflieferant weitgehend abgelöst.
So kam es zu einem scheinbaren Paradoxon: Die sich ausbreitende Industrie, die mit ihren schadstoffverbreitenden Fabrikschornsteinen bereits vor mehr als hundert Jahren erste Rauchschäden verursachte, garantierte auf der anderen Seite den Fortbestand des Waldes in Mitteleuropa ...

Seite 59

Erlebnisraum Wald
In früheren Jahrhunderten galt der Wald vor allem als dunkel, undurchdringlich oder gar unheimlich. Zahlreiche Mythen und Märchen zeichnen kein sehr günstiges Bild vom Wald, in dem wilde Tiere hausen, die knorrigen Baumstämme Grimassen schneiden, die Äste dem einsamen Wanderer ins Gesicht schlagen oder die Wurzeln nach seinen Füßen langen. Obwohl aus dem Wald schon immer wertvolle Rohstoffe und sogar ein Großteil der Nahrung bezogen wurde, blieb er ein finsterer, sogar als lebensfeindlich verschriener Ort, in dem sich nur zwielichtige Gestalten wie Holzknechte, Wegelagerer, Wilddiebe oder Kräuterhexen zurechtfanden. Etwas von diesem alten Gefühlshorizont wird immer noch lebendig, wenn man einen Wald bei Dunkelheit erlebt oder eine geschlossene Waldung in unübersichtlichem Gelände durchqueren möchte.

Der wohltätige Wald
Aus dem Blickwinkel der Waldbesitzer (Staat, Gemeinden, Private) betrachtet(,) erfüllt der Wald gleich mehrere Nutzfunktionen. Die lebenden Bäume sind nachwachsende Rohstoffe, die irgendwann einmal zur Holzgewinnung dienen. [...]
Jedermann darf sich an der sinnvollen und schonenden Nutzung

der Waldfrüchte (beispielsweise Walderdbeeren, Heidelbeeren, Preiselbeeren, Himbeeren oder Brombeeren) oder der essbaren Waldpilze beteiligen. [...]
Die Wälder erfüllen nämlich eine ganze Reihe von wichtigen Aufgaben, die man zusammenfassend als landschaftsökologische Schutzfunktionen beschreiben könnte.
Wälder sind wegen ihrer raumwirksamen Höhenstaffelung unsere wichtigsten Sauerstoffproduzenten. Wenn die Gehölze im Licht fotosynthetisch aktiv sind, entnehmen sie der Atmosphäre Kohlendioxid zur Bindung in organische Moleküle, geben aber auch das gleiche Volumen an Sauerstoff ab. Allein dieser Vorgang ist ein richtiges grünes Wunder. Eine einzige ausgewachsene Rotbuche von etwa 25 Metern Höhe und einer Gesamtblattfläche von mehr als 1500 Quadratmetern setzt an einem Sommertag ungefähr 7000 Liter Sauerstoff frei. Diese Menge ergibt 35 Kubikmeter saubere und sauerstoffreiche Atemluft – genug, um den Tagesbedarf von 50 Erwachsenen sicherzustellen. Wenn man diese Einzelleistung eines Baumes erst einmal auf einen größeren Bestand umrechnet, zeigt sich eindrucksvoll, wie unentbehrlich die grüne Lunge Wald für Siedlungen und Städte ist. Die stadtnahen Wälder sind nicht nur Freizeit- oder Erholungsräume. Noch wichtiger sind ihre lebenswichtigen Produktionsaufgaben.

Seite 60

Die Vernichtung des Regenwaldes
Durch Brandrodung, Holzfällen und Straßenbau stirbt derzeit eine Waldfläche in der Größe von sechzig Fußballfeldern – pro Minute!
Dabei gibt es viele Ursachen für den Raubbau im Regenwald: Großgrundbesitzer, denen in Südamerika bis zu 98 % der Weideflächen gehören, haben sich der flächenintensiven Rinderzüchtung verschrieben: Wo früher der Urwald Platz für unzählige Tierarten bot, grasen heute riesige Rinderherden, deren Fleisch überwiegend für Restaurantketten und Steakhäuser in Europa und Nordamerika bestimmt ist; oder die durch Brandrodung, d. h. durch gezieltes Verbrennen der Baumriesen, gewonnene Fläche dient als Ackerland für den Anbau von Viehfutter, das ebenfalls zu einem großen Teil in die Industrieländer exportiert wird.
Ein weiterer Punkt ist die direkte Nutzung des Waldes: Der Regenwald liefert Holz für Fensterrahmen, Türen, Modellbauten, Möbel u. v. m. – vieles davon geht wiederum nach Europa oder Nordamerika.
Doch auch die arme Bevölkerung der regenwaldbewachsenen Zonen trägt durch allzu sorglosen Umgang mit dem empfindlichen Ökosystem dazu bei, dass Größe und Dichte des Tropenwaldes in rasender Geschwindigkeit abnehmen. Die brasilianische Regierung hat beispielsweise ein Programm ins Leben gerufen, das unter dem Motto „Land ohne Menschen für Menschen ohne Land" die Slumbewohner der Großstädte in den Regenwald umsiedeln sollte. Den mittellosen Menschen wurde zugesagt, sie könnten ein Stück Land, nachdem sie es gerodet hätten, selbstständig bewirtschaften und behalten. Viele Bewohner der Elendsviertel nahmen das Angebot an, zerstörten ein Stück Wald, um selber überleben zu können, und mussten sehr schnell enttäuscht feststellen, dass sie die Rechnung ohne die Natur gemacht hatten. Denn der Boden ist keineswegs so fruchtbar, dass ein intensiver Ackerbau möglich wäre: Ähnlich wie die für die Rinderzucht gerodeten Flächen waren auch die Bodenparzellen der „Kleinbauern" bald unfruchtbar und für die weitere Bewirtschaftung wertlos geworden.
Auf diese Weise, so befürchten Umweltschützer und Wissenschaftler in aller Welt, schwindet der Wald weiterhin jährlich Stück für Stück und wäre bei gleich bleibendem Tempo im Jahre 2010 in einigen Ländern (Malaysia, Nigeria, Elfenbeinküste) ganz verschwunden. Und mit ihm verschwände der Lebensraum unzähliger Tier- und Pflanzenarten sowie die Möglichkeit für die Ureinwohner Südamerikas(,) ihre traditionellen Lebensformen beibehalten zu können, was einer Vernichtung ihrer Kultur und vielleicht auch ihrer selbst gleichkäme.

Seite 61

Kolumbus und die Folgen

Aus dem Schiffstagebuch des Kolumbus
Um zwei Uhr früh tauchte das Land vor ihnen auf, sie waren etwa zwei Meilen davon entfernt. Sie holten alle Segel ein und behielten nur die Brefock am Mast, das ist ein Großsegel ohne Nebensegel, und drehten bei; so ließen sie die Zeit bis zum Freitag verstreichen, an dem sie eine kleine Insel der Bahamas erreichten, die in der Sprache der Indios Guanahani genannt wurde.
Bald sahen sie dort nackte Leute am Strand(,) und der Admiral fuhr in einem mit Waffen ausgerüsteten Boot an Land; Martin Alonso Pinzòn und Vicente Anes, sein Bruder, der Kapitän auf der Niña war, begleiteten ihn. Der Admiral entfaltete das königliche Banner und die beiden Kapitäne zwei Fahnen mit dem grünen Kreuz; dieses führte der Admiral zur Kennzeichnung auf allen seinen Schiffen mit den Lettern F und Y: Jeder Buchstabe trug eine Krone, der eine stand links, der andere rechts vom waagerechten Kreuzesbalken. Als sie an Land stiegen, sahen sie sehr grüne Bäume und viele Gewässer und zahlreiche Früchte verschiedener Art. Der Admiral rief die beiden Kapitäne und die anderen, die an Land gesprungen waren, zu sich und auch Rodrigo Descovedo, den Schreiber der Flotte, und Rodrigo Sánchez de Segovia und sagte, sie sollten getreulich bezeugen, dass er vor aller Augen für den König und die Königin, ihre Herren, von der Insel Besitz ergriff, und so tat er es auch und gab die erforderlichen Erklärungen ab, wie es ausführlicher in den Zeugnissen enthalten ist, die dort schriftlich angefertigt wurden. Alsbald versammelten sich dortselbst zahlreiche Inselbewohner. Das Folgende sind wortwörtlich die Äußerungen des Admirals in seinem Buch über die erste Seereise und die Entdeckung dieses Indien.
„Da sie uns große Freundschaft erwiesen und ich erkannte, dass es Leute waren, die sich besser mit Liebe zu unserem heiligen Glauben befreien und bekehren würden als mit Gewalt, gab ich einigen von ihnen ein paar bunte Mützen und etliche Glaskugeln, die sie sich um den Hals hängten, und allerhand andere Dinge von geringem Wert, an denen sie großes Vergnügen fanden, und sie waren uns derart zugetan, dass es ein Wunder war. Hernach kamen sie zu den Booten geschwommen, in denen wir saßen, und brachten uns Papageien und Knäuel mit Baumwollfäden, Wurfspieße und viele andere Dinge und tauschten sie gegen Dinge ein, die wir ihnen gaben, zum Beispiel Glaskügelchen und Glöckchen. Kurz gesagt, sie nahmen alles und gaben sehr bereitwillig von dem, was sie hatten."

Seite 62

Die Indianer Brasiliens in heutiger Zeit
Noch in unserem Jahrhundert, in dem Rodung und Ausbeutung der Regenwälder in einem bestürzenden Tempo vor sich gehen, entdeckte man in den Urwäldern Brasiliens kleine, bis dahin unentdeckte Stammesgruppen von Naturvölkern. Die Begegnung mit der Zivilisation verläuft für diese Menschen auch heute noch ähnlich verhängnisvoll wie in vergangenen Zeiten.
Der Straßenbau, Ölbohrungen und Waldrodungen bringen Weiße ins Land. Die „Segnungen" der Zivilisation wirken sich für viele Indianer verhängnisvoll aus. Wer in die Stadt zieht, wird in kurzer

Zeit den heimatlichen Lebensbedingungen im Tropenwald entfremdet und lebt oft zwischen zwei Welten.
Das herabsetzende Wort „Indio" wurde in unserem Jahrhundert durch das indianerfreundliche Wort „Indigenas", das heißt Ureinwohner, ersetzt.
Heute setzen sich viele Menschen für die Rettung bedrohter Völker ein. So wollten zum Beispiel der Abenteurer und Menschenrechtler Rüdiger Nehberg und seine Begleiterin Christina Haverkamp im Jahre 1992, dem Kolumbusjahr, durch Überqueren des Ozeans mit dem Bambusfloß auf die Vernichtung von Indianern im brasiliani-schen Regenwald aufmerksam machen.

Tod im Regenwald
Der Film mit dem gleichnamigen Titel dokumentiert erstmals, wie das rigorose Abbrennen und Abholzen des tropischen Regenwaldes den Lebensraum der Ureinwohner des Amazonasgebietes zerstört. Die systematische Vernichtung der letzten Urwälder bedeutet den Verlust des größten Sauerstoffspenders und Kohlenstoffspeichers der Erde.
Siedler und Goldsucher treiben immer neue Straßen in den Dschungel, legen Weiden und Agrarflächen an, schleppen Krankheiten und Epidemien ein oder organisieren gar planmäßige Jagden auf Indios. Der engagierte Film dokumentiert erstmals in Form eines Spielfilms den Völkermord an den Indianern Südamerikas. Er ist in Zusammenarbeit brasilianischer und deutscher Filmleute entstanden und wurde mehrfach preisgekrönt.

Seite 62/63

Das Ei des Kolumbus
Der Kardinal Mendoza hielt dem Christoph Kolumbus bei einem Feste, das er ihm zu Ehren veranstaltete, eine große Lobrede. Darin nannte er die Entdeckung Amerikas den größten Sieg, den jemals der Geist eines einzigen Mannes erfochten habe.
Die anwesenden Herren vom spanischen Hofe nahmen es übel auf, dass einem Ausländer und dazu noch einem Mann, der nicht einmal von adeliger Herkunft sei, so große Auszeichnung erwiesen wurde. „Mich dünkt", hub einer der königlichen Kammerherren an, „der Weg nach der so genannten Neuen Welt war nicht so schwer zu finden; das Weltmeer stand überall offen(,) und kein spanischer Seefahrer würde das Ziel verfehlt haben."
Mit vornehmem Gelächter gab die Gesellschaft Beifall zu dieser Äußerung(,) und mehrere Stimmen riefen: „Oh, das hätte ein jeder von uns gekonnt!"
„Ich bin weit entfernt", entgegnete Kolumbus, „mir etwas als Ruhm zuzuschreiben, was ich nur einer gnädigen Fügung des Himmels verdanke; indessen kommt es doch bei vielen Dingen in der Welt, welche uns leicht erscheinen, häufig darauf an, dass sie ein anderer uns vormacht. Dürfte ich", sagte Kolumbus zu jenem Kammerherren gewendet, „Eure Exzellenz wohl ersuchen, dies Ei" – er hatte sich von einem Diener ein Hühnerei bringen lassen – „so auf die Spitze zu stellen, dass es nicht umfällt?"
Die Exzellenz versuchte von der einen wie von der anderen Seite vergeblich(,) das Ei zum Stehen zu bringen. Der Nachbar bat es sich aus. Es gelang ihm ebenso wenig. Nun drängten sich die andern dazu; ein jeder wollte es versuchen; allein weder mit Eifer noch mit Ruhe war es möglich, das Kunststück auszuführen.
„Es ist unmöglich!", riefen die Herren. „Ihr verlangt etwas Unausführbares!"
„Und doch", sagte Kolumbus, „werden diese Herren sogleich sagen: Das kann ein jeder von uns auch."
Jetzt nahm er das Ei und setzte es mit einem leichten Schlag auf den Tisch, sodass es auf der eingedrückten Schale fest stand. Da riefen jene: „Ja, das kann jeder von uns auch!"
Kolumbus aber sagte: „Der Unterschied, meine Herren, ist nur der, dass ihr es so machen könnt, ich es aber so gemacht habe."

P965811/6

Trainingstipps zur Zeichensetzung

TIPP 2: Beachte *die* **Regeln** *zur Zeichensetzung.*

Zum Beispiel werden Aufzählungen, die nicht durch „und“ oder „oder“ verbunden sind, durch Komma getrennt:
Wir besorgten Laken, Phosphorfarbe, Holzrasseln und Taschenlampen.

9. *Ordne die folgenden Regeln den nachfolgenden Beispielsätzen zu.*

a *Fragesätze werden mit einem Fragezeichen abgeschlossen.*
b *Zwischen Hauptsatz und Nebensatz (Gliedsatz) steht immer ein Komma.*
c *Aufforderungssätze, Wunschsätze, Ausrufesätze werden mit einem Ausrufezeichen abgeschlossen.*
d *Folgt den wörtlich wiedergegebenen Äußerungen der Begleitsatz oder ein Teil von ihm, so setzt man nach dem abschließenden Anführungszeichen ein Komma.*
e *Das Komma steht bei Einschüben und Zusätzen.*

Cora, sie ist die neue Schülerin, sitzt neben mir. ☐
Er meinte immer wieder: „Hätte ich doch anders reagiert!“ ☐
Wieland will nicht mehr kommen, weil Rosa ihn angeblich beleidigt hat. ☐
Kommst du jetzt mit oder nicht? ☐
Sie rief ihm zu: „Komm doch mit!“, und ging schon weiter. ☐

Tipp 3: *Nutze* **grammatische** *Kenntnisse.*

Es ist zum Beispiel wichtig, zwischen **Haupt- und Nebensatz** *unterscheiden zu können, weil beide durch Kommas getrennt werden.*
Beispiel: Nachdem es dunkel geworden war, legten wir Leuchtpfeile aus.
NS *HS*

Wie erkenne ich Hauptsätze?

Hauptsätze können in der Regel allein stehen. Dann bestehen sie mindestens aus Subjekt und Prädikat.

10. *Unterstreiche in den folgenden Satzgefügen (Hauptsatz und Nebensatz) die Hauptsätze. Schreibe die Hauptsätze (eventuell umgestellt) auf. Zum Beispiel:* Als ich ihn sah, <u>war ich erleichtert.</u>

Ich war erleichtert. ....

Trainingstipps zur Zeichensetzung

Es bildete sich Nebel, während die Sterne hinter den Wolken verschwanden. Als wir kaum noch die Hand vor Augen sehen konnten, wurde es uns unheimlich. Obwohl wir doch die Gespenster kannten, hatten wir ziemliche Angst.

11. *Unterstreiche im Hauptsatz Subjekt und Prädikat.*

Ich weiß schon seit gestern, dass Lara zu Hause bleiben muss.

12. *Unterstreiche jeweils den Hauptsatz.*
Achtung: Manchmal wird ein Hauptsatz durch einen anderen Satz (Nebensatz) unterbrochen.

Larissa freut sich, weil Micha mitkommt.
Die Klasse 8 b macht heute in Biologie einen Ausflug, weil das Wetter gerade günstig ist.
Kim, die in Mathe sehr gut ist, hilft manchmal ihrer Freundin Tamara.
Paula Peters aus Klasse 7 c mag Christof, der grundsätzlich nie über andere herzieht.

13. *Manchmal musst du den Hauptsatz umstellen, um zu erkennen, dass er selbstständig stehen kann.*

Als er von der neuen Fußball-AG hört, ist Carlo sofort Feuer und Flamme.

Carlo

Obwohl er die letzte Arbeit in Mathe nicht geschafft hat, bleibt Kurt freundlich und gelassen.

Hauptsatz und Hauptsatz: die Satzreihe

Hauptsätze können durch ein Komma zu einer Satzreihe verbunden werden.

14. *Verbinde die beiden Sätze zu einem Satz.*

Unsere Klasse hatte Sport. Der Unterricht fiel aus.

Trainingstipps zur Zeichensetzung

15. *Man kann die Hauptsätze auch durch eine* **Konjunktion** *(Bindewort) verbinden.*

Hauptsätze können z. B. durch folgende **Konjunktionen** *verbunden werden:*
und, oder, auch, denn, aber, doch …
Nur vor **und** *bzw.* **oder** *steht in der Regel* **kein Komma.**

Trage die Haupsätze aus Aufgabe 14 entsprechend ein.

.... , aber ....

.... , doch ....

16. *Verbinde die folgenden Hauptsätze mit Hilfe einer der folgenden Konjunktionen:* aber, jedoch, trotzdem. *Setze das Komma.*

Beim Geräteturnen leisteten zwei Schüler Hilfestellung.
Sven fiel mit voller Wucht auf den Boden.

....

....

Herr Lottmann kam sofort.
Das Unglück war leider schon passiert.

....

....

Haupt- und Nebensatz: das Satzgefüge

Unterordnende Konjunktionen *können Haupt- und Nebensätze zu einem* **Satzgefüge** *verknüpfen. Dabei wird ein Nebensatz (Gliedsatz) dem Hauptsatz (Basissatz) untergeordnet; der Nebensatz ist im Satzgefüge vom Hauptsatz abhängig. Der Nebensatz kann nicht allein stehen.*

17. *Trage entsprechend ein.*

Pia wartet vor dem Lehrerzimmer auf Frau Borgmeier. Sie hat eine wichtige Frage.

Pia wartet .... ,

Hauptsatz

weil .... hat.

Konjunktion (Bindewort) — *Nebensatz*

Dies sind weitere **unterordnende Konjunktionen:**
nachdem, als, weil, während, da, damit, wenn, weil, ehe, bevor, obgleich, bis, dass …

Trainingstipps zur Zeichensetzung

Wie erkenne ich Nebensätze?

Nebensätze *(Gliedsätze) kannst du daran erkennen, dass in ihnen das* **flektierte Verb** *(die Personalform) fast immer* **am Ende** *des Satzes steht.*

18. *Kennzeichne in den folgenden Satzgefügen die Nebensätze mit einer Wellenlinie und unterstreiche die Personalform des Verbs grün.*

Frau Brinkschröder organisiert mit ihrer Klasse den nächsten Elternabend, auf dem eine Gruppe von Schülerinnen und Schülern ein Theaterstück vorspielen will.
Connie, die eine Hauptrolle spielt, ist schon ganz aufgeregt vom Lampenfieber.

Die meisten Nebensätze fangen mit einer Konjunktion an (weil, nachdem, als, wenn, dass ...) *oder mit einem Relativpronomen* (der, die, das / welcher, welche, welches).

19. *Markiere in den folgenden Satzgefügen die Konjunktion oder das Relativpronomen am Anfang der Nebensätze.*

Die Darsteller proben ihre Rollen jeden Nachmittag, damit zur Vorstellung alles klappt.
Sie hoffen, dass nichts schiefgeht.
Nur Nadja, die für die Musik verantwortlich ist, ist die Ruhe selbst.

20. *Unterstreiche in den folgenden Satzgefügen jeweils den Hauptsatz, kennzeichne den Nebensatz mit einer Wellenlinie. Kennzeichne auch die Konjunktion wie im Beispiel oben.*
Achte darauf, dass der Nebensatz vorn, in der Mitte oder am Schluss stehen kann.
Setze das Komma zwischen Hauptsatz und Nebensatz.

Weil es wichtige Klassenangelegenheiten zu besprechen gibt nutzt Frau Borgmeier heute die Verfügungsstunde.
Frau Borgmeier gibt der Klasse nachdem einige Schüler und Schülerinnen ihre Probleme vorgetragen haben die Möglichkeit zur Diskussion.
Pia, Karen und Mareike sprechen offen die Probleme in der Klasse an während Sven und Tina eher zurückhaltend reagieren.

Trainingstipps zur Zeichensetzung

21. *Füge mit Hilfe der in Klammern angegebenen Konjunktionen die folgenden Hauptsätze zu einem Satzgefüge zusammen; dabei wird ein Satz zu einem Nebensatz (Gliedsatz) und dem Hauptsatz untergeordnet. Kennzeichne Hauptsatz und Nebensatz wie in Aufgabe 20.*

Anke hört von der neuen Foto-AG. Sie will sich sofort anmelden. (als)

Anke hat sich entschieden. Auch Tom hat es mit der Anmeldung plötzlich eilig. (weil)

....

....

....

Tipp 4: *Achte auf den* **Bedeutungszusammenhang** *des Satzes; vermeide Missverständnisse.*

22. *Lies die folgenden beiden Sätze halblaut; mach dir klar, wie das Komma die Bedeutung verändert.*

Pia, meinte Sara, sei eine Klatschtante.

Pia meinte, Sara sei eine Klatschtante.

23. *Bei den folgenden Satzpaaren fehlen die Kommas. Setze das Komma an unterschiedliche Stellen, um jeweils die Bedeutung des Satzes zu verändern.*

Sie rät ihr schnell zu folgen.

Sie rät ihr schnell zu folgen.

Sven kommt heute Nachmittag nicht aber Susanne.

Sven kommt heute Nachmittag nicht aber Susanne.

Boris sagt Goran sei der Beste.

Boris sagt Goran sei der Beste.

Sie versprach ihm jeden Tag einen Brief zu schreiben.

Sie versprach ihm jeden Tag einen Brief zu schreiben.

Er gelobte ihr stets treu zu sein.

Er gelobte ihr stets treu zu sein.

24. *Überlege, in welchem der beiden Sätze du vor* **und** *zum besseren Verständnis ein Komma setzt und in welchem Satz dies nicht notwendig ist. Die Anordnung der beiden Sätze hilft dir.*

Sie traf sich mit meinem Bruder und sie gingen los.

Sie traf sich mit meinem Bruder und dessen Freund war auch mitgekommen.

Satzarten und Sprechabsicht

☐ Boris: Wir fahren nächste Woche nach Münster
☐ Kristina: Wollen wir auch den Allwetter-Zoo besuchen
☐ Lars: Wir fahren zunächst zum Aarsee, danach in den Zoo
☐ Anna: Bring dein Fernglas mit
☐ Mareike: Sorg du für gutes Wetter

1. *Die Sprecher/die Sprecherinnen drücken mit ihrer Äußerung jeweils eine bestimmte Absicht aus.*

[a] Aussage: Du willst etwas mitteilen.
[b] Frage: Du willst etwas erfahren, was du noch nicht weißt.
[c] Aufforderung: Du möchtest, dass der andere etwas tut.

Schreibe zu den Äußerungen der 5 Freunde jeweils den passenden Buchstaben in das Kästchen.

Den Grundabsichten einer Äußerung entsprechen bestimmte Satzarten.

Äußerungsabsicht	**Satzart (Satzschlusszeichen)**
etwas aussagen, mitteilen	Aussagesatz (Punkt)
jemanden etwas fragen	Fragesatz (Fragezeichen)
jemanden auffordern / jemandem etwas befehlen	Aufforderungssatz (Ausrufezeichen)
einen Wunsch aussprechen	Wunschsatz (Ausrufezeichen)
etwas ausrufen	Ausrufesatz (Ausrufezeichen)

2. *Untersuche jeweils, wo in einzelnen Satzarten das flektierte Verb (die Personalform des Verbs) steht. Unterstreiche es und ergänze den Satz.*

Gehst du heute mit?
Bei einer Entscheidungsfrage steht das flektierte Verb an .... Satzgliedstelle.

Es ist kalt heute Morgen.
Bei einem Aussagesatz steht das flektierte Verb an .... Satzgliedstelle.

Komm bitte sofort zurück!
Bei einem Aufforderungssatz steht das flektierte Verb an .... Satzgliedstelle.

Satzarten und Sprechabsicht

3. *Setze bei den folgenden Äußerungen die richtigen Satzschlusszeichen ein. Unterstreiche die Personalform des Verbs.*

Leihst du mir mal das Lineal
Die 6. Stunde fällt morgen aus
In der nächsten Woche bleibt die Bibliothek geschlossen
Wann hast du mal Zeit für mich

Welch ein Ausblick
Das ist ja ganz wunderbar
Sag mir jetzt sofort, was du damit gemeint hast
Hört auf jetzt

4. *Forme die folgenden Aussagesätze jeweils in Fragesätze um; wähle jeweils eine Möglichkeit.*

Du fährst heute Nachmittag gegen 14.30 Uhr ins Schwimmbad.

Fährst du ....

Wann ....

Theodor Storm hat die Novelle „Der Schimmelreiter“ verfasst.

....

Thomas hat dich auch zu seiner Geburtstagsfeier eingeladen.

....

5. *Aufforderungen als Sprechabsicht können oft auch in Aussagesätzen oder Fragesätzen versteckt sein. Man spricht dann von indirekten Aufforderungen. Dies hängt auch von der Betonung ab. Setze im Sinne der Sprecherabsicht „Aufforderung“ die richtigen Satzzeichen; streiche dazu die vorhandenen Satzschlusszeichen durch.*

Kommt ihr jetzt mal her?
Den Anordnungen ist sofort Folge zu leisten.
Du bist jetzt aber auch mal still, ja?
Bringst du bitte dein Fernglas mit, Ute?

6. *Aufforderungen kann man auf recht unterschiedliche Weise formulieren, zum Beispiel als Befehl, Bitte, Hinweis, auch als ganzen Satz, mit einem Wort. Suche zu dem folgenden Satz weitere Möglichkeiten und schreibe sie auf. Kennzeichne deine Sprechabsicht durch das Ausrufezeichen.*

Könnt ihr jetzt bitte mal still sein! .... Noch lauter! ....

Wörtliche (direkte) Rede

Begleitsätze

Geografiestunde in der Klasse 7 d. An der Wand hängt eine Landkarte.
„Alex“, meint Herr Gehler, „zeig uns doch mal, wo Amerika liegt.“
Alex zeigt auf Amerika und setzt sich dann wieder hin.
„Und wer hat Amerika entdeckt?“, fragt der Lehrer weiter.
Alle antworten wie aus einem Mund: „Alex!“

1. *In dem oben stehenden Text tauchen unterschiedliche Formen der wörtlichen Rede auf.*
***1** Begleitsatz vorn*
***2** Begleitsatz hinten*
***3** Begleitsatz in der Mitte*

*Unterstreiche in den Beispielsätzen jeweils den Redebegleitsatz, kennzeichne die wörtliche Rede mit einer gestrichelten Linie. Kennzeichne am Rand jeweils mit **1**, **2** oder **3**.*

Dies ist eine Zusammenstellung der häufigsten Möglichkeiten:

Begleitsatz vorn

	Begleitsatz		Wörtliche Rede
a	____________	:	„ - - - - - - - - .“
b	____________	:	„ - - - - - - - - ?“
c	____________	:	„ - - - - - - - - !“

Begleitsatz hinten

	Wörtliche Rede		Begleitsatz
a	„ - - - - - - - - “,		____________ .
b	„ - - - - - - - - ?“,		____________ .
c	„ - - - - - - - - !“,		____________ .

Begleitsatz in der Mitte

	Wörtliche Rede	Begleitsatz	Wörtliche Rede
a	„ - - - - - - - - “,	____________ ,	„ - - - - - - - - .“
b	„ - - - - - - - - “,	____________ ,	„ - - - - - - - - ?“
c	„ - - - - - - - - “,	____________ ,	„ - - - - - - - - !“

Wörtliche (direkte) Rede

2. *Schreibe die folgenden Sätze in die entsprechenden Spalten der Übersicht von Seite 14.*

Britta fordert ihre Freundinnen auf Macht doch mal Vorschläge für unsere Wanderung
Für welches Ziel interessiert ihr euch denn fragt Tina
Karen meint Mich interessiert fast alles
Morgen ruft Steffi habe ich aber was vor
Paulina fragt jetzt Kannst du denn am Dienstag
Also gut lenkt Steffi ein nehmen wir den Dienstag

Die **wörtlich** *wiedergegebene* **Äußerung** *(direkte Rede) wird durch* **Anführungszeichen** *vom Begleitsatz abgetrennt. Dabei sind drei Möglichkeiten zu unterscheiden:*
1. *Steht der Begleitsatz vorn, endet er mit einem Doppelpunkt.*
Beispiel: **Tina fragt: „Wann kommst du?"**
2. *Steht der Begleitsatz hinten, wird er durch ein Komma von der wörtlichen Rede abgetrennt.*
Frage- und Ausrufezeichen der wörtlichen Rede werden gesetzt, der Punkt entfällt.
Beispiele: **„Kommst du auch mit?", fragte Paula. „Ich bleibe", sagt Max.**
3. *Ist der Begleitsatz eingeschoben, wird er am Anfang und am Ende durch ein Komma abgetrennt.*
Beispiel: **„Die Neue aus der 8 a", meint Tim, „ist wirklich nett", und dreht sich sofort um nach ihr.**

3. *In den folgenden Texten fehlen einige Satzzeichen:*
Doppelpunkt, Anführungszeichen, Komma, Satzschlusszeichen (Punkt, Fragezeichen, Ausrufezeichen).

Kennzeichne zunächst jeweils den Begleitsatz durch Unterstreichen.
Setze danach mit Hilfe der Übersicht auf Seite 14 die Satzzeichen.

Wieder so ein verflixtes Pech schimpft Vater schon wieder habe ich im Lotto keine einzige Zahl richtig – Mach dir nichts draus, Papa meint Sara mir ging es heute bei der Mathearbeit ebenso

Nanu staunt der Uhrmacher warum bringen Sie denn Ihren Dackel zu mir Er bleibt alle fünf Minuten stehen meint der Kunde

Mein Hund ist wirklich Klasse meint ein Hundebesitzer gegenüber seinem Freund er bringt mir jeden Morgen die Zeitung Wieso entgegnet der Freund das ist doch gar nichts Besonderes, das machen doch viele Das ist schon richtig antwortet daraufhin der Hundefreund aber ich habe überhaupt keine Zeitung abonniert

Wörtliche (direkte) Rede

Zum Üben

4. *Setze in den Sätzen mit wörtlicher Rede die fehlenden Zeichen.*

Bello

Bello wartet mit Herrchen an der Haltestelle. Neben ihm steht ein vornehm gekleideter Herr. Bello schnuppert und hebt das Bein. Der Mann zuckt zusammen und weicht zurück. Sie brauchen keine Angst zu haben sagt der Hundebesitzer beruhigend mein Bello beißt nicht. Das habe ich mir gedacht antwortet der vornehme Herr ich hatte nur geglaubt, er wolle mich treten.

Gummiband gefunden

Ein Mann geht auf der Straße, bückt sich und hebt etwas auf. Hat einer von Ihnen ein Bündel Hundertmarkscheine verloren, die mit einem Gummiband zusammengehalten waren fragt er die Vorbeigehenden. Einer der Passanten bejaht dies sofort. Das geht in Ordnung meint der Mann ich habe nämlich das Gummiband gefunden.

Taschendiebe unter sich

Drei Taschendiebe verlassen gemeinsam ein Juweliergeschäft. Den Ring mit den großen Steinen hätte ich gern gehabt sagt der eine. Ich habe ihn meldet sich darauf der zweite. Du hast ihn gehabt korrigiert ihn der dritte.

Ausrede

Halt ruft der Polizist Ihr Licht brennt nicht. Sie müssen leider absteigen und Ihr Fahrrad schieben. – Das habe ich schon versucht, aber dann brennt es auch nicht.

Immer logisch bleiben

Meine Klugheit sagte der Rabe kennt keine Grenzen.
Seit wann fragte der Sperling nennt man Unkenntnis Klugheit?

Die Macht der Winzigkeit

Mach, dass du wegkommst schnaubte der Stier die Mücke an, die ihm im Ohr saß. Du vergisst, dass ich kein Stier bin sagte die Mücke und stach ihn gemächlich.

Mitwirkung Ehrensache

Die Marionette verbeugte sich. Ich führe Ihnen jetzt ohne jede fremde Hilfe was vor. Lediglich von mir in der Schwebe gehalten fügte der Faden hinzu.
Lasst sehen, wie lange sagte die Schere.

Wörtliche (direkte) Rede

Die Höhe der Frechheit

Ein Star hatte sich auf die Stirn einer Giraffe gesetzt.
He, runter da rief die Giraffe empört.
Komm doch rauf, wenn du was willst schrie der Star.

Die Grenzen der guten Erziehung

Ein Eichhorn knackte ein Vogelei. Wie kannst du nur so raubgierig sein schimpfte die Elster. Da sah sie unter sich ein Nest mit Drosseleiern darin. Natürlich ist gegen ein Frühstücksei jeden Morgen nichts einzuwenden fuhr sie fort.

Ehe der Weiße kam

Ein Weißer wollte von einem Indianer wissen, wie Amerika genannt worden sei, ehe der weiße Mann es entdeckte. Es wird wohl ein schwieriges Wort sein fügte er hinzu bitte, sprechen Sie es langsam und deutlich aus, damit ich es notieren kann. Der Indianer schüttelte den Kopf. Es ist ganz einfach antwortete er wir nannten es *unser*.

Jeder friert anders

An einem kalten Wintertag ritten ein Indianer und ein weißer Mann zusammen über Land. Der Indianer war nur mit einem Poncho und einer Decke bekleidet. Der weiße Mann aber trug rote Flanellunterwäsche, ein wollenes Hemd, dicke Hosen, eine Jacke und einen Mantel. Trotz der Kleider auf dem Leib kam es ihm vor, als teile der Wind Messerstiche aus. Der Indianer hingegen schien recht vergnügt.
Frierst du denn nicht fragte ihn der weiße Mann.
Nein sagte der Indianer.
Das verstehe ich nicht Ich bin so eingemummelt, trage alle Kleider auf dem Leib, die ich besitze, und friere mich fast zu Tode. Und du hast nur diese dünne Decke und sagst, dir sei nicht kalt.
Ist dein Gesicht kalt fragte der Indianer.
Nein, im Gesicht ist mir nicht kalt, aber ich friere am ganzen übrigen Körper.
Ich ganz Gesicht antwortete der Indianer.

Wörtliche (direkte) Rede

5. *Manchmal fehlt bei Gesprächen der Begleitsatz. Dann muss aus der Gesprächssituation geschlossen werden, wer spricht.*
Setze in den folgenden Witzgesprächen jeweils die passenden Satzzeichen.

Treffen wir uns
Meinetwegen
Und wo
Mir egal
Na prima, aber sei pünktlich

Gibt's Gips
Gips gibt's nicht. Gips gibt's morgen
Morgen
Morgen
Morgen
Morgen

6. *Dies sind Beispiele, bei denen du besonders aufpassen musst. Trage auf den Linien die unten stehenden Sätze ein.*

__________ : „ .... “, __________ .

__________ : „ .... ! “, __________ .

__________ : „ .... ? “, __________ .

__________ : „ .... ! “ ?

__________ : „ .... ? “ ?

Er fragte Brauchst du die Schere und sah zu ihr hin ☐
Fragtest du nicht eben Wann beginnt der Film ☐
Sie sagte Ich hole mal die Schere und ging hinaus ☐ ☐
Hast du nicht eben noch behauptet Ich habe das gar nicht gesagt ☐
Karen rief Lass das doch sein und lief davon ☐

7. *Setze nun jeweils den richtigen Buchstaben der beiden folgenden Sätze in die Kästchen von Aufgabe 6.*

Folgt den wörtlich wiedergegebenen Äußerungen (direkte Rede), die durch Anführungszeichen gekennzeichnet sind, der Begleitsatz oder ein Teil von ihm, so setzt man nach dem abschließenden Anführungszeichen ein Komma. **a**
Sowohl die angeführte Rede als auch der Begleitsatz behalten ihre Ausrufe- und Fragezeichen. **b**

Zitate, Hervorhebungen

8. *Setze Anführungszeichen. Orientiere dich, wenn du Schwierigkeiten hast, am nachfolgenden „Merkkasten".*

Anna liest mit Empörung im Wochenspiegel den Artikel Alter Baumbestand fällt Kreissäge zum Opfer .

In der Klasse 10 b wird gerade das Schauspiel Der Hauptmann von Köpenick gelesen.

Tina meint, dass sich die Sprichwörter Eile mit Weile und Wer rastet, der rostet doch eigentlich widersprechen.

Svens ewiges Ist das aber langweilig kann Nadine nun wirklich nicht mehr hören.

Bei diesem Sportfest sprang sie nur 6,50 m.

Das Wort Mitgift weist auf eine Bedeutungsänderung hin.

Diese Art von Freundschaft kannst du dir an den Hut stecken!

Mit **Anführungszeichen** *kann man*
- *Wörter oder Teile innerhalb eines Textes* **hervorheben**,
- *Überschriften oder Titel von Büchern und Zeitungen* **zitieren**.

Kommasetzung im Satz

Was muss ich üben?

In der Pause

Gehst du morgen Abend auch zu Svens Fete Tina?

Oh du kommst nicht mit?

Sven lacht Lars kommentiert jedes Wort und Boris hört nur zu.

Lisa hast du heute schon etwas vor?

Pia will einfach nicht glauben dass sie eine Zwei in Mathe geschrieben hat.

Sie mag die drei Mädchen recht gern besonders Gülan.

Nein das hätte ich nicht gedacht.

Weil Kirsten nicht mitkommen kann will Mike auch nicht am Wandertag teilnehmen.

Kai der Klara versprochen hat dass er ihr seine neue CD ausleihen will hat natürlich nicht mehr daran gedacht weil er alles Mögliche im Kopf hat.

1. *Lies den oben stehenden Text halblaut. Mache an passenden Stellen Sprechpausen. Versuche, nach deinem Sprachgefühl die richtigen Kommas zu setzen, ohne dass du dabei lange überlegst.*

2. *Überprüfe anhand des Lösungsheftes, ob du in der jeweiligen Zeile das richtige Komma gesetzt hast.*

3. *Versuche jetzt, die richtige Kommasetzung mit Hilfe einer Regel, die du bereits kennst, zu begründen. Überprüfe auch hier anhand des Lösungsheftes, welche Regel in der jeweiligen Zeile in Frage kommt. Mache dir jetzt klar, welche besonderen Schwierigkeiten du noch bei der Kommasetzung hast, was du also noch üben musst.*

Kommas bei Aufzählungen

4. *Setze jetzt in den folgenden Sätzen die richtigen Kommas. Mache dir dabei klar, welche Wörter, Wortgruppen, Sätze aufgezählt werden.*

Katharina fährt in den Herbstferien mit ihren Eltern ihrem Bruder Timo und ihren Großeltern nach Norderney.

Sie will alles Mögliche mitnehmen: ihren Schmusebär vier Spiele den Kassettenrekorder ihren Tennisschläger und ihren Kanarienvogel.

Mutter möchte entweder ihren hellen Hosenanzug oder ihr dunkelbraunes Kleid mitnehmen.

Oma ist optimistisch sie rechnet mit gutem Wetter sie entscheidet sich weder für Regenstiefel noch für die Regenjacke.

Vater will sowohl zwei Mäntel seine Wachsjacke als auch eine Regenjacke mitnehmen.

Timo sieht den Vorbereitungen seiner Schwester zu denkt eine Weile nach geht dann in sein Zimmer und packt seine Ferienutensilien zusammen.

Die beiden Kinder schleppen ihre Sachen zum Auto Mama hebt vor Entsetzen die Arme Papa schimpft wegen des vielen Gepäcks und Opa schaut dem ganzen Treiben gemächlich zu.

Vater packt den geräumigen Wagen voller Sorgfalt, weil alle sechs Personen noch bequem sitzen sollen weil er nach Möglichkeit allen Wünschen nachkommen will weil sie sich ja schließlich im letzten Jahr den großen Wagen für solche Zwecke angeschafft haben und weil er jetzt mal beweisen will, was man alles darin verstauen kann.

Die Nachbarn haben versprochen, den Wasserschildkröten Futter zu geben den Briefkasten zu leeren die Blumen zu gießen und hin und wieder zu lüften.

Langsam wird der Wagen voller das Gepäck ist verstaut Papas Erregung klingt ganz langsam ab es kann losgehen.

Während der Fahrt ärgert sich Papa über die wilden Raser, die uns manchmal fast an der Stoßstange hängen über unklare Beschilderungen über eine Umleitung auf der B 72 und über alles Mögliche.

Kommas bei Aufzählungen

Nach pünktlicher Ankunft am Fähranleger in Norddeich murmelt Papa etwas vor Erleichterung Mama entwickelt ihr Ferienprogramm Timo und Katharina reden durcheinander und Opa schmunzelt mal wieder vor sich hin.

Timo macht den Vorschlag, dass sie gleich zum Strand gehen dass er seinen neuen Lenkdrachen ausprobiert und dass er anschließend noch eine Runde mit seinem Mountainbike dreht.

Aufzählungen *von Wörtern, Wortgruppen, Sätzen werden durch* **Komma** *getrennt.*
Vor *den Konjunktionen (Bindewörtern)* **und** *bzw.* **oder** *steht* **kein Komma**.
Es steht auch kein Komma bei den reihenden Konjunktionen (Bindewörtern) **beziehungsweise, sowie, wie, entweder ... oder, sowohl ... als auch, sowohl ... wie auch, weder ... noch.**

5. *Forme die folgenden Einzelsätze jeweils in einen Satz mit Aufzählungen um. Du kannst dabei einzelne Sätze ein wenig umstellen, verändern, einzelne Ausdrücke weglassen. Achte darauf, dass vor* **und** *bzw.* **oder** *sowie anderen reihenden Konjunktionen (Bindewörtern) kein Komma steht.*

Die Webers fahren von Bielefeld aus zunächst auf der B 68 bis Hilter. Danach bleiben sie ein ganzes Stück auf der Autobahn. Schließlich erreichen sie über die B 72 und B 70 die Anlegestelle nach Norderney.

....

....

....

Bei der Abfahrt Cloppenburg überlegt sich Herr Weber etwas. Fahre ich die Bundesstraße? Fahre ich die Autobahn noch ein Stückchen weiter?

....

....

....

In Norddeich kommen sie gegen 15.00 Uhr an. Sie finden sofort den Parkplatz für die Autofähre. Sie warten dort bis zur Abfahrt der Fähre.

....

....

....

Kommas bei Aufzählungen

Auf dem Parkplatz stehen bereits mehrere Personenwagen. Einige Wagen haben Anhänger. Außerdem warten noch zwei Lastwagen auf die Fähre.

....

....

Während der stürmischen Überfahrt sitzen die Großeltern und Mama im schwankenden Salon. Papa geht aufs Sonnendeck. Katharina und Timo schauen sich die Fähre genauer an.

....

....

....

Katharina interessiert sich für die technische Ausrüstung. Es interessieren sie auch die vielen Menschen an Bord.

....

....

Aufzählung (Komma) oder begriffliche Einheit (kein Komma)?

In dem Restaurant werden wohlschmeckende [ostfriesische Spezialitäten] angeboten.

In diesem Satz werden die beiden Adjektive nicht durch ein Komma getrennt, da das letzte Adjektiv mit dem folgenden Substantiv eine begriffliche Einheit bildet.

Eine begriffliche Einheit erkennst du zum Beispiel daran, dass du zwischen die beiden Adjektive kein **und** *setzen kannst, oder daran, dass du vor das letzte Adjektiv kein* **sehr** *setzen kannst.*

6. *Komma oder kein Komma? Probiere aus. Versieh jeweils die begriffliche Einheit, bei der kein Komma gesetzt wird, mit einem Kasten.*

Frau Weber schwärmt für teuren französischen Rotwein.
Großvater mag würzigen westfälischen Schinken.
Katharina ist für frischen zarten Spargel.

Timo bestellt sich ein großes gemischtes Eis.
Großmutter fragt nach einer herzhaften bekömmlichen Suppe.

Während des Essens wird darüber gesprochen, dass die Webers in den nächsten großen Ferien mit ihrem neuen geräumigen Wohnmobil nach Spanien fahren wollen.

Kommas bei Aufzählungen

Zum Üben: Aufzählungen

7. *Setze die fehlenden Kommas in den nachfolgenden Texten:*

Urlaub

Timos Freundin Nikola macht mit ihrem Vater und ihrer Mutter in den Herbstferien Urlaub auf Mallorca. Sie fahren von Bielefeld aus zu dem kleinen Regionalflughafen nach Paderborn stellen ihren Wagen im Flughafenbereich auf einem Parkplatz ab und suchen die kleine überschaubare Abflughalle auf. Sie geben am Abfertigungsschalter ihre Koffer ab erhalten ihre Bordkarten und setzen sich noch etwas ins Restaurant. Man sieht von dort, dass auf dem Flughafen sowohl kleine Propellermaschinen als auch Jets abgefertigt werden können. Niki sagt zu ihrer Mutter: „Entweder fliegen wir mit der großen gerade gelandeten Maschine oder es ist die grünweiße kleinere Maschine, die schon seit einiger Zeit vor dem Abfertigungsgebäude steht. Nach einer entsprechenden Lautsprecherdurchsage geht Niki mit ihren Eltern durch den Sicherheitsbereich, in dem sowohl das Handgepäck die Kleidungsstücke als auch die Personen kontrolliert werden danach in den Warteraum und dann dauert es auch schon nicht mehr lange bis zum Abflug.

Im Safaripark

Endlich ist schönes Wetter. Deshalb wollen Herr Kantsteiner seine Frau Tochter Tina und die Söhne Lars und Jochen zum Safaripark fahren. Bevor es losgeht, kontrolliert Herr Kantsteiner Rückleuchten Seitenleuchten und Bremsleuchten des Autos. Frau Kantsteiner sieht noch einmal nach dem Herd und Lars verabschiedet sich von seinem Kanarienvogel.

Nach einer Stunde Fahrt erreichen die Kantsteiners den Safaripark. Parkplätze Wiesen Straßenränder stehen bereits voller Autos. Kantsteiners wollen mit ihrem eigenen Wagen durch den Park fahren. Für Tina Lars und Jochen zahlt Herr Kantsteiner an der Kasse einen ermäßigten Preis.

Kommas bei Aufzählungen

Langsam fahren sie auf den Parkeingang zu. Ein Parkwächter öffnet eine große Sicherheitsschleuse und jetzt sind sie im Safaripark. Tiger Löwen und andere Raubtiere kann man aus allernächster Nähe betrachten; hinter dem Bereich für die Tiger hält Herr Kantsteiner seinen Wagen an.
Auf einer großen Wiese neben dem Safaripark weiden Giraffen Zebras und Büffel. Ein junger Elefant kommt langsam heran bleibt vor dem Wagen stehen und begutachtet mit seinem Rüssel die Scheibe der Wagentür.
Nach etwa 30 Minuten fährt Herr Kantsteiner auf den Ausgang zu sucht eine Stelle zum Parken und spendiert für alle Kaffee Cola Kuchen oder Himbeereis.

Eindrücke einer Ferienfahrt durch den Westen Kanadas

Parkwächter des Campingplatzes drücken uns ein Faltblatt in die Hand, das uns Vorsichtsmaßnahmen erläutert. Wir befinden uns nämlich im Bärengebiet eines Nationalparks.
Alle Lebensmittel sollen nachts im Auto verschlossen es soll nicht in der Nähe der Zelte gekocht und auf keinen Fall sollen Parfüm Seife oder Zahnpasta in die Zelte mitgenommen werden.
Zahnpasta sei nämlich ein besonderer Leckerbissen für Bären und locke sie an. Die Mülltonnen auf dem Campingplatz sind durch schwere Eisentüren und Schließmechanismen bärensicher gemacht. Patrouillierende Rancher der kanadischen Parkaufsicht sorgen dafür, dass kein Tourist Camper oder Wanderer von Bären überrascht wird. Sie führen genau Buch über die Tiere, die sich in der Nähe des Campingplatzes aufhalten. Immerhin haben wir auf unserer Reise einen riesigen Bären dazu Waschbären Biber und viele andere Tiere aus der Nähe gesehen.

Herr Kuwalek *(nach W. Schnurre)*

Eines Tages kam Vater mit einem Igel nach Hause. Wir nannten ihn Herr Kuwalek und er wohnte im untersten Fach von Vaters Schreibtisch, zu dem ein schräg gestelltes Hackbrett hinaufführte. Herr Kuwalek aß Mistkäfer Schokolade Gulasch Briefmarken Regenwürmer entkernte Pflaumen weiße Mäuse und einmal auch einen großen Radiergummi.
Am liebsten trank er Milch und abgestandenes Bier auch kalten Bohnenkaffee schlürfte er gern. Bei Tage schlief er nachts raste er schnaufend durchs Zimmer und auf den Balkon, wo wir ihm mit Rasenplacken Stauden und Moos ein Stück Wiese nachgemacht hatten.

Komma vor entgegenstellenden Konjunktionen

Sven: Ich gehe heute ins Kino aber nicht morgen.

Anna: Ich habe morgen Zeit aber nicht heute.

Sven: Dann gehen wir eben nicht morgen sondern erst übermorgen.

Anna: Übermorgen wäre in Ordnung doch da hat mich Thomas schon eingeladen.

8. *Unterstreiche in dem Dialog von Sven und Anna zunächst die entgegenstellenden Konjunktionen, setze in jedem Satz das fehlende Komma. Beachte folgende Regel:*

Ein **Komma** *wird gesetzt* **vor entgegenstellenden Konjunktionen** *(wie:* sondern, aber, doch*), wenn diese* **zwischen gleichrangigen Wörtern oder Wortgruppen** *stehen.*

9. *Entscheide in den folgenden Sätzen: Komma oder kein Komma?*

Pia geht mit Daniel in einen ernsten jedoch sehr interessanten Film.

Christian interessiert so etwas aber nicht.

Hanna interessiert sich für Liebesfilme jedoch nicht für Western.

Er interessiert sich jedoch für etwas anderes.

Für ihn muss ein Film lustig sein aber er darf nicht langweilig oder vordergründig werden.

Jana ist da aber ganz anderer Ansicht.

Sie mag hintergründige Ironie aber keine Planschbeckenkomik.

Komma bei Zusätzen oder Nachträgen

10. *Versuche, in den folgenden Sätzen die Sprechpausen herauszuhören. Setze die Kommas mit Bleistift.*

Heute Mittag der Unterricht ist schon vorbei trifft Stefanie zufällig auf Nadja. ☐

Nadja die Freundin aus der Grundschule freut sich riesig. ☐

Beide Mädchen können sich noch gut an die Grundschulzeit erinnern besonders an die schöne Abschlussfahrt. ☐

Nadja und Stefanie verabreden sich und zwar für morgen. ☐

Sie wollen etwas Gemeinsames unternehmen zum Beispiel ins Kino gehen. ☐

Das Kino befindet sich im Hansenviertel Alter Markt 8. ☐

Daran sie um ihre Adresse zu bitten denkt Stefanie natürlich nicht. ☐

11. *Welche Zusätze oder Nachträge tauchen in den Beispielsätzen oben auf? Kennzeichne die Sätze von Aufgabe 7 mit dem Buchstaben der entsprechenden Regel. Überprüfe deine Kommasetzung.*

Zusätze *oder* **Nachträge** *werden vom übrigen Satz durch* **Komma** *abgegrenzt.*
Zu den Zusätzen oder Nachträgen zählen:

a *Parenthesen (eingeschobene ganze Sätze)*
Beispiel: Malte, er ist Pias Freund, kommt heute nicht.

b *Apposition (Substantivgruppe als Nachtrag zu einem Nomen, und zwar im gleichen Kasus)*
Beispiel: Malte, der Freund von Pia, kommt heute nicht.

c *Mehrteilige Orts-, Zeit- und Wohnungsangaben*
Beispiele: Malte kommt zu Pia am Mittwoch, dem ...
Sie wohnt in Holzhausen, Grüner Weg 5.

d *Nachgestellte Erläuterungen, die zum Beispiel eingeleitet werden mit Wörtern wie* nämlich, und zwar, zum Beispiel
Beispiel: Pia schreibt Malte einen Brief, und zwar heute noch.

e *Wörter oder Wortgruppen, die durch einen Hinweis angekündigt oder wieder aufgenommen werden*
Beispiele: Daran, dies zu tun, dachte sie nicht.
Dies zu tun, daran dachte sie nicht.
Pia und Malte, sie wissen das genau.

f *Nachgetragene Infinitiv- oder Partizipgruppen*
Beispiele: Er, ohne den Brief gelesen zu haben, greift sofort zum Telefonhörer.
Sie, aus vollem Halse lachend, sagt ihm, was in dem Brief steht.

Komma bei Zusätzen oder Nachträgen

12. *Setze in den folgenden Beispielsätzen die Kommas. Kennzeichne am Rand jeweils mit dem entsprechenden Buchstaben aus der Zusammenstellung von Seite 27.*

Ingo schreibt um schnell zum Tennisplatz gehen zu können seinen Aufsatz in Windeseile. ☐

Alex und Katja laufen anstatt auf die anderen zu warten schon voraus. ☐

Markus ganz in sein Buch vertieft hört nicht, wie Christine ins Zimmer kommt. ☐

Katrin Daniels Freundin flirtet auf der Fete mit Lars. ☐

Tina eine große Hundefreundin und ihre Schwester besuchen jedes Wochenende einmal das Tierheim am Wilhelmsberg. ☐

Johanna Lammersen sie ist Schülerin der Klasse 8 c hat beim Sportfest die höchste Punktzahl erreicht. ☐

13. *Bilde Einschübe und setze dabei die Kommas wie im Beispiel. Achte auf die richtige Fallsetzung.*

Die Zuschauer schauen der Kunstturnerin zu. — *ein noch sehr junges Mädchen*

Die Zuschauer schauen der Kunstturnerin, einem noch sehr jungen Mädchen, zu.

Otto Hahn entdeckte eine große Anzahl radioaktiver Elemente.

Magellan durchfuhr auf seiner Weltumsegelung als Erster den Pazifik.

Gutenberg ist als armer Mann gestorben.

Am 16. April des Jahres 1811 stieg in Berlin Wilhelmine Reichard in die Lüfte.

Er ist gestern Tina begegnet.

die erste deutsche Aeronautin

ein Mädchen, das er letzte Woche in der Bücherei kennen gelernt hatte.

um 1480 als Sohn eines portugiesischen Edelmanns geboren

der Erfinder des Buchdrucks

der bedeutende Physiker

....

....

....

....

Komma bei Zusätzen oder Nachträgen

Angekündigte Wortgruppen

Wie die Zusammenstellung auf Seite 27 (Punkt e) zeigt, können Infinitiv-, Partizip- oder andere **Wortgruppen** *durch Hinweise als Zusatz* **angekündigt** *werden; man grenzt sie dann mit einem einfachen Komma ab oder schließt sie mit Kommas ein.*
Beispiele:
Er freut sich sehr darauf, mit ihr einkaufen zu gehen.
Darauf, mit ihr einkaufen zu gehen, freut er sich sehr.

14. *Kennzeichne in den folgenden Sätzen die Hinweiswörter durch Unterstreichen und die angekündigte Wortgruppe durch einen Kasten. Setze danach die Kommas.*

Er verbringt einen ganzen Tag damit für sie ein Geburtstagsgeschenk zu basteln.

Sie muss sich darauf gefasst machen ihn nicht auf ihrer Geburtstagsfeier zu sehen.

Dies den Einladungsbrief nicht genau gelesen zu haben war sein Fehler.

Denke bitte daran die Eintrittskarte mitzubringen.

Wie im letzten Jahr so hatten wir auch diesmal Glück.

Dies möglichst viel zusammen zu unternehmen war ihr größter Wunsch.

Die beiden Svenja und Lars verirrten sich beim Spaziergang.

Komma bei Zusätzen oder Nachträgen

Gedankenstrich statt Komma

Zusätze oder Nachträge kann man auch mit dem Gedankenstrich abgrenzen. Mit diesem Zeichen kennzeichnet man stärker als mit dem Komma, dass man etwas als Zusatz oder Nachtrag verstanden wissen möchte.
Beispiel: Eines schönen Tages – es war damals sehr heiß – kam Sara zu Besuch.

15. *Grenze in den folgenden Sätzen die Zusätze durch Gedankenstrich vom übrigen Satz ab.*

Sie die Cello-Spielerin verfolgt die musikalische Darbietung mit größtem Interesse.

Janas Freund er hat den schönen Namen Alexander erwartet sie heute Nachmittag am Schwimmbad.

Sie mag Literatur besonders Liebesgedichte.

Zusatz? Nachtrag? Hier darfst du selbst entscheiden

Manchmal liegt es im **Ermessen** *des Schreibenden, ob er einen Zusatz oder einen Nachtrag mit einem Komma kennzeichnen will oder nicht. Ein Komma kann den Satz gliedern und verständlicher machen. Dies gilt besonders:*
- *bei einer Wortgruppe mit Präposition,*
- *bei einer Wortgruppe mit wie,*
- *bei Infinitiv- oder Partizipgruppen,*
- *bei Eigennamen, die einem Titel oder einer Berufsbezeichnung folgen.*

16. *Setze an den richtigen Stellen der folgenden Sätze ein (mögliches) Komma in Klammern (,).*

Katharinas Mitarbeit im Projekt Theater wie auch ihre anderen künstlerischen und musikalischen Tätigkeiten werden von allen anerkannt.

Sven sprach voll interessiert nach dem ersten Treffen begeistert mit Steffi über das Theaterspielen.

Auch Timo macht sofort mit ohne genaue Kenntnis der Projektziele.

Es war nach allgemeinem Urteil der gesamten Projektgruppe eine interessante Zusammenarbeit.

Die Projektleiterin Frau Dr. Weingarten hat alle Tätigkeiten nach jeweiligem Interesse verteilt.

Komma bei Anreden und Ausrufen

Aussagen während der großen Pause

He was macht ihr denn da?

Du bist wieder in unserem Klub ja?

Leider das war daneben!

Tim ist eine Unverschämtheit gestern überhaupt nicht gekommen.

Kommst du heute auch mit Maria?

Du stell dir das mal vor!

Danke ich habe schon.

Anna du hast mir auf den Fuß getreten.

17. *Setze in den Aussagen die fehlenden Kommas. Beachte dabei, dass du manchmal in einem Satz auch zwei Kommas setzen musst. Berücksichtige die folgenden Hinweise.*

Man grenzt durch Komma ab

a *Anreden,*

b *Ausrufe,*

c *Ausdrücke, die als wertende Stellungnahme besonders hervorgehoben werden (zum Beispiel bejahen, verneinen, bekräftigen, bitten).*

18. *Kennzeichne jeweils den Satz (entsprechend den Hinweisen im Kasten) mit* **a**, **b** *oder* **c**.

Satzreihe

Komma, Punkt, Semikolon zwischen Hauptsätzen

☐ Es war stockdunkel. Der Lärm war ohrenbetäubend.
Jetzt war es plötzlich ganz still. Die unheimliche
Gestalt kam näher.
Man hörte ein Schlurfen und Scharren. Jetzt musste das seltsame Wesen
ganz nah sein.
Das Mädchen spürte in der Dunkelheit den heißen Atem des Ungeheuers.
Es wollte schreien. Aber es wurde nichts draus. Der Wecker klingelte.

1. *Dies ist ein Ausschnitt aus einer Schülererzählung. Die Punkte grenzen die Hauptsätze deutlich voneinander ab.*
Überlege, was der Erzähler mit der Abgrenzung durch Punkte ausdrücken könnte:
a *Die Eindrücke folgen aufeinander.*
b *Die Eindrücke bauen aufeinander auf; sie haben inhaltlich eng miteinander zu tun.*

2. *Kennzeichne den Ausschnitt entsprechend mit* **a** *oder* **b**.

3. *Schreibe jetzt den oben stehenden Text so auf, dass inhaltlich eng zusammengehörende Sätze durch Kommas verbunden werden.*

....

....

....

....

....

....

....

4. *Auch das Semikolon wäre als Abgrenzung denkbar. Überlege, was das Semikolon im Vergleich zum Punkt oder Komma ausdrückt. Kreuze entsprechend an.*

☐ *Mit dem Semikolon drückt man einen höheren Grad der Abgrenzung aus als mit dem Komma.*
☐ *Mit dem Semikolon drückt man einen geringeren Grad der Abgrenzung aus als mit dem Komma.*
☐ *Mit dem Semikolon drückt man einen geringeren Grad der Abgrenzung aus als mit dem Punkt.*

Einzelsätze *können durch ein* **Komma** *oder durch ein* **Semikolon** *zu einer* **Satzreihe** *verbunden werden.*

Satzreihe

5. *Grenze zunächst die folgenden gleichrangigen Hauptsätze durch einen Punkt voneinander ab.*

EINE SPUKGESCHICHTE

ICH HATTE LANGE ZEIT DEN GLEICHEN TRAUM ICH GING ÜBER LAND VON WEITEM BEMERKTE ICH EIN SCHWARZES HAUS ES WAR UMGEBEN VON EINEM DICHTEN TANNENWALD ICH FÜHLTE MICH WIE MAGISCH VON DIESEM HAUS ANGEZOGEN IM TRAUM SCHRITT ICH DARAUF ZU EIN TOR ÖFFNETE SICH ICH SCHRITT HINDURCH DAS HAUS HATTE EIN SCHWARZES SCHIEFERDACH ICH KLOPFTE AN DER TÜR VOM KLOPFEN WURDE ICH WACH

Werden Hauptsätze durch ein Komma verbunden, bringt man als Schreiber zum Ausdruck, dass die Sätze inhaltlich stärker zusammengehören.

6. *Schreibe jetzt die Spukgeschichte um. Überlege dir dabei, an welcher Stelle du die Sätze durch einen Punkt oder durch ein Komma abgrenzt.*

....

....

....

....

....

....

....

Das Komma zwischen den Hauptsätzen in der Satzreihe steht auch vor den nebenordnenden Konjunktionen aber, denn, dennoch, trotzdem, jedoch. *Nur vor* und bzw. oder *steht kein Komma.*

7. *Verbinde die folgenden Hauptsätze jeweils durch eine Konjunktion, setze das Komma.*

Plötzlich war das Mädchen aufgewacht. Irgendwas hatte sie geweckt.

....

Es herrschte tiefe Dunkelheit im Zimmer. Sie konnte sehen, dass sich am Fenster etwas bewegte.

....

....

Satzreihe

Die seltsamen Wesen sahen aus wie schwarze Schatten. Sie bewegten sich völlig lautlos.

....

....

Sie schrie und verkroch sich unter der Decke. Sie hatte furchtbare Angst.

....

....

Aufzählungen **gleichrangiger** *Sätze werden durch* **Kommas** *getrennt, wenn sie* **nicht** *durch* **und** *bzw.* **oder** *verbunden sind.*
Beispiele:
Wir blieben zu Hause, denn es regnete in Strömen.
Jana kam mit und Sven blieb zu Hause.
Johanna will unbedingt die Rolle haben oder sie spielt nicht mit.
Manchmal ist es aber sinnvoll, vor und *bzw.* oder *ein Komma zu setzen, um die Struktur des Satzes zu verdeutlichen. Dann kann es nämlich darum gehen,*

a *Missverständnisse beim Lesen zu vermeiden,*
b *die Gliederung des Gesamtsatzes deutlich zu machen und das Lesen zu erleichtern.*

In dem folgenden Beispielsatz ist es sinnvoll, ein Komma zu setzen:
Kirsten engagiert sich in der Projektgruppe, und zusammen mit Lars und Tom wird sie die Ergebnisse vorstellen, wenn die Projekttage abgeschlossen sind.

Satzreihe

8. *Entscheide, bei welchen Sätzen du mit einem Komma den Zusammenhang des Satzes verdeutlichen kannst. Mach dir klar, wie du bei diesen Sätzen das Komma begründest; setze deshalb entweder* **a** *oder* **b** *(siehe Seite 34) an den Rand.*

Sie ist gut in Mathe und er hat seine Stärken in den Sprachfächern. ☐

Sie traf sich mit meinem Bruder und dessen Freund war auch mitgekommen. ☐

Sie wählt die Foto-AG oder sie entscheidet sich für das Laienspiel. ☐

Jana fotografierte ihren Freund und meine Freundin lag in der Sonne. ☐

Tina und Dominik warten auf euch oder die anderen gehen schon voraus. ☐

Johanna hat Florian oft besucht und sie saßen dann bis spät nachts in der Gartenlaube, wenn draußen schönes Wetter war. ☐

Gar nicht so selten machte Florian einen Gegenbesuch und manchmal wurde es sehr spät, wenn sie dann noch eine kleine Bootsfahrt auf dem See unternahmen. ☐

Sie stiegen auf ihre Fahrräder und einige waren traurig, weil sie gern noch geblieben wären. ☐

9. *Setze Kommas im folgenden Satz:*

Miriam ist befreundet mit Micha der in der 8 a ist und beide stehen in der Pause oft zusammen.

In diesem Beispiel muss ein eingeschobener Nebensatz in Kommas gesetzt werden. Deshalb muss hier auch vor dem „und“ ein Komma stehen.

Satzgefüge

Komma zwischen Hauptsatz und Nebensatz

Herr Reinstädler fährt alle Gäste mit seinem Auto nach Hause. Es ist ziemlich spät geworden.

Unterordnende Konjunktionen:
als, da, damit, nachdem, wenn, weil, während, dass, bevor, obgleich…

10. *Verknüpfe die beiden Hauptsätze mit Hilfe der Konjunktion (des Bindewortes)* **weil** *zu einem Satzgefüge. Der mit der Konjunktion eingeleitete Satz wird zum Nebensatz. Trage entsprechend ein.*

____ ,
Hauptsatz

weil ～～～～～～～～～～～～～～～～～～～～～～ .
Nebensatz

11. *Arbeite in der gleichen Weise mit den folgenden Hauptsätzen. Schreibe das Satzgefüge auf. Kennzeichne Hauptsatz, Nebensatz und Konjunktion wie oben. Achte darauf: Hauptsatz und Nebensatz werden durch ein Komma getrennt.*

Einen **Nebensatz** *(Gliedsatz) kann man daran erkennen, dass die* **Personalform** *des* **Verbs** *am* **Ende** *steht.*
... als wir gegessen hatten.

Nadine ist schon etwas eher gegangen. Sie muss morgen wieder früh raus. *(weil)*

....

....

Herr Reinstädler ist wieder da. Er hilft mit beim Aufräumen. *(nachdem)*

....

....

Selbstständige Hauptsätze kann man durch eine unterordnende Konjunktion zu einem Satzgefüge verknüpfen. Dadurch wird ein Hauptsatz zum untergeordneten Nebensatz (Gliedsatz).
Der Nebensatz ist im Satzgefüge vom Hauptsatz oder Basissatz abhängig.
Nebensatz *und* **Hauptsatz** *werden immer durch ein* **Komma** *getrennt*

Satzgefüge

Konjunktionalsatz: Nebensatz, der durch eine Konjunktion eingeleitet wird

Diese Art des Nebensatzes erkennt man daran, dass er durch eine **unterordnende Konjunktion** *eingeleitet wird, die den Nebensatz dem Haupt- oder Basissatz unterordnet.*
Auch hier steht die **Personalform des Verbs am Ende** *des Nebensatzes.*

12. *Setze in den folgenden Sätzen die Kommas. Es hilft dir, wenn du jeweils (wie in Aufgabe 11) Hauptsatz, Nebensatz und Konjunktion kennzeichnest.*

Auf der Party kriegen alle mit dass Lars und Kati sich mögen.

Weil sie gern zusammen sein möchten versorgen Reni und Falk die anderen mit Grillwürstchen.

Nachdem Tim und Ute den ersten Tanz gewagt haben stürzen sich auch die anderen Partygäste ins Getümmel.

Obwohl kein Alkohol getrunken werden darf tanzt Ingo bereits um 10 Uhr auf dem Eichentisch.

Karen sagt über Lautsprecher an dass das Salatbüfett gestürmt werden darf.

Bis alle mit Tellern versorgt sind hat Niko schon zweimal einen Nachschlag geholt.

13. *Wähle dir drei Sätze aus, bei denen du Nebensatz und Hauptsatz umstellst. Achte dabei auf das Komma. Kennzeichne wie oben Hauptsatz, Nebensatz und Konjunktion.*

Dass Lars und ...

14. *Bilde unterschiedliche Sätze mit der Konjunktion* **dass**. *Der konjunktionale Nebensatz kann vorn oder hinten stehen. Kennzeichne ihn jeweils durch eine Wellenlinie.*

Lara hofft auf etwas. Die Aufführung wird ein voller Erfolg.

Lara hofft darauf, ...

Dass die Aufführung ...

Satzgefüge

Corinna ist überzeugt davon. Carsten ist sehr zuverlässig.

....

Lars glaubt etwas. Kati mag ihn.

....

Georg ist fest davon überzeugt. Diesmal hat er in Mathe mindestens eine Drei geschafft.

....

....

Relativsatz: Nebensatz, der durch ein Relativpronomen eingeleitet wird

Susanna die mit Ingo befreundet ist muss die Fete eher verlassen.
Nadja versucht Ingo zu trösten der den ganzen Abend traurig in der Ecke sitzt.
Tina die die Getränke eingekauft hat und Lars räumen die Flaschen zusammen.
Karen die zusammen mit Christian die Klassen-Fete vorbereitet hat teilt für alle Erdnusskerne aus die sie am Tag zuvor im Supermarkt gekauft hat.
Juliana die neu in der Klasse ist und Björn haben sich angefreundet.

15. *In den Sätzen fehlen die Kommas.*
Unterstreiche zunächst die Hauptsätze. Kennzeichne die Nebensätze durch eine Wellenlinie.
Achte darauf, dass die Hauptsätze manchmal durch den Nebensatz unterbrochen sein können.

Bei den **Nebensätzen** *handelt es sich um* **Relativsätze**, *die durch ein* **Relativpronomen** *(bezügliches Fürwort) eingeleitet werden. Dieses verknüpft den Nebensatz mit dem Hauptsatz.*

16. *Kreise in den Sätzen vor Aufgabe 15 das Relativpronomen ein.*
Setze nun die Kommas.

Relativpronomen *(bezügliches Fürwort):*
die, der, das, welche, welcher, welches

17. *Verknüpfe die folgenden Hauptsätze mit Hilfe eines Relativpronomens zu einem Satzgefüge mit Hauptsatz und Nebensatz. Kennzeichne anschließend Hauptsatz, Nebensatz und Relativpronomen. Setze dann die Kommas zwischen Hauptsatz und Nebensatz.*

Sven tanzt mit Anna. Anna ist Jochens Freundin.

Sven tanzt mit Anna, die ... .

Lisa ist verschwunden. Lisa hat zusammen mit Jana das Aufräumen übernommen.

....

....

Satzgefüge

Markus vermisst am Ende der Fete einige seiner Silberscheiben. Markus hat sich um die Musik gekümmert.

....

....

18. *Bei den folgenden Sätzen musst du dem Relativpronomen noch eine Präposition voranstellen.*

Präpositionen:
in, an, auf, hinter, unter, neben, gegen, während, ohne, trotz, für, mit ...

Präposition *(Verhältniswort): undeklinierbare Wortart, die räumliche, zeitliche oder logische Beziehungen zwischen Personen, Sachen oder Vorgängen kennzeichnet: Er geht* **in** *das Kino.*

Daniel sucht nach Annette. Daniel möchte mit ihr noch etwas Wichtiges bereden.

....

....

Thomas ruft nach Stefanie und Katharina. Er hat sich gerade noch über sie lustig gemacht.

....

....

Übersicht: Arten von Nebensätzen

a ***Konjunktionaler Nebensatz***
Er beginnt mit einer Konjunktion (als, da, damit, dass ...).
Beispiel: Alle machen mit, **weil** *es ihnen Spaß macht.*

b ***Relativsatz***
Er beginnt mit einem Relativpronomen (der/die/das/welcher...), das sich auf ein Wort im Hauptsatz bezieht.
Beispiel: Sie trifft Alexander, **den** sie sehr mag.

c ***Nebensatz mit W-Fragewort***
Er beginnt mit einem Fragewort (wo, wann, wer, wie ...).
Beispiele: Ich weiß nicht, **was** ich machen soll. Er kann sich nicht daran erinnern, **wann** er sie zuletzt gesehen hat.

d ***Indirekte Rede***
Die indirekte Rede steht oft an der Stelle eines Nebensatzes.
Beispiel: Sie versichert ihm, sie komme morgen. Sie versichert ihm, **dass** sie morgen komme.

e ***Vergleichssatz mit als oder wie***
Dabei werden Haupt- und Nebensatz miteinander verknüpft.
Beispiel: Die Arbeit ist besser ausgefallen, **als** ich erwartet habe.
Es ist alles so gekommen, **wie** ich es mir vorgestellt habe.
(Kein Komma steht bei einfachen Vergleichen von Satzgliedern: Er ist in Mathe besser als ich.*)*

Satzgefüge

19. *Schreibe aus den Beispielsätzen in der Übersicht auf Seite 39 die Personalformen der Verben auf, die am Ende der Nebensätze stehen.*

a ....

b ....

c ....

d ....

e ....

Zum Üben

20. *Kennzeichne in den folgenden Texten jeweils die Nebensätze mit einer Wellenlinie und setze danach die Kommas.*

Kurioses aus der Zeitung

Nachdem ein Feldhase auf einer Kreisstraße bei Ingolstadt eine Karambolage hatte beging er Unfallflucht. Nach Polizeiangaben war der Hase aus einem Gebüsch auf die Straße gesprungen als sich ein Motorradfahrer mit Tempo 80 näherte. Weil der Hase gegen das Vorderrad des Motorradfahrers prallte geriet der Fahrer ins Schleudern und landete mit leichten Verletzungen in einem Rübenacker. Die Fahndung eines Jagdpächters die unmittelbar danach einsetzte blieb leider ohne Erfolg.

Weil das Futter in einem Tierpark der argentinischen Hauptstadt offenbar ungenießbar war nutzten zwei Schimpansen eine aus Versehen geöffnete Käfigtür und suchten flugs das Weite. Im nächsten Café hockten sie sich in aller Ruhe zu den Gästen die ihnen einige Croissants überließen. Während der Schimpanse Coco sich anschließend bereitwillig von einem Wärter einfangen ließ musste Silvio erst betäubt werden bevor man ihn in den Tierpark zurückbringen konnte.

Ein kleiner Hund der auf seinem Weg nach Hause 75 Kilometer zurücklegte überquerte dabei sogar einen großen Fluss. Der drei Jahre alte Terrier der bei einem Autostopp an einer Raststätte seiner Halterin entwischt war hatte sich allein auf den Weg nach Hause gemacht. Seine Besitzerin merkte erst eine Stunde später als sie am Ziel ihrer Reise war dass sich ihr Hund unterwegs abgesetzt hatte. Nachdem die Suche zunächst vergeblich geblieben war fand ein Mann zum Glück das gesuchte Tier festgeklemmt in einem Stacheldrahtzaun der nur einen Kilometer vom Haus der Besitzerin entfernt war.

Satzgefüge

Er habe sehr viel Glück gehabt sagte ein Sprecher der US-Küstenwache der den 38-jährigen David Miles aus dem Wasser geborgen hatte. Miles berichtete er sei von einem Hai von hinten angegriffen und mit dem Kopf voran bis zu den Schulterblättern verschlungen worden. Dann habe der Hai ihn wieder ausgespien weil er offenbar bemerkt habe dass er sich in seiner Beute geirrt hatte. Der Taucher der einen Gummianzug trug verdankte diesem ganz offensichtlich sein Leben.

21. *Setze in den folgenden Kurztexten die fehlenden Kommas. In jedem der Sätze ist mindestens ein Komma zu setzen.*

Bekannte und weniger bekannte Sprichwörter

Wer lesen und schreiben kann hat vier Augen.
Was du nicht willst das man dir tu das füg auch keinem andern zu.
Man wirft seine alten Schuhe nicht weg bevor man neue hat.
Während die Weisen nachgrübeln erobern die Dummen die Festung.
Wer den Schaden hat braucht für den Spott nicht zu sorgen.
Wie man in den Wald hineinruft so schallt es hinaus.
Wenn zwei sich streiten freut sich der Dritte.
Hunde die bellen beißen nicht.
Der Krug geht so lange zum Wasser bis er bricht.
Sage nicht alles was du weißt aber wisse immer was du sagst.
Was ich nicht weiß macht mich nicht heiß.
Niemand kann auf einen Baum steigen der keine Äste hat.

Sprüche

Was ich nicht weiß lässt mich kalt.
Ich weiß wohl eine Lösung aber die passt nicht zu meinem Problem.
Wer eine Glatze hat braucht sich nicht mehr die Haare zu raufen.
Paradox ist wenn sich zwei Glatzköpfe in die Haare geraten.
Wenn der Hahn kräht auf dem Mist weißt du dass du im Urlaub bist.
Der Klügere gibt so lange nach bis er der Dumme ist.
Wer barfuß geht dem kann man nichts in die Schuhe schieben.
Wer heute den Kopf in den Sand steckt knirscht morgen mit den Zähnen.
Wer sich selbst nichts vormacht braucht anderen nichts nachzumachen.
Experten lernen so lange über wenig bis sie alles über nichts wissen.

Satzgefüge

Der Theoretiker weiß genau wie es geht aber es geht nicht. Der Praktiker weiß nicht wie es geht aber es geht.
Wer sich bremst dem quietscht die Seele.
Woher soll ich wissen was ich meine bevor ich gehört habe was ich sage.
Was nutzt der Tiger im Tank wenn ein Kamel am Steuer sitzt.
Bescheidenheit ist die Kunst die anderen herausfinden zu lassen wie wichtig ich bin.

22. *Hier geht es wieder um das Komma zwischen Sätzen.*
Kennzeichne im Text zur Bildergeschichte jeweils die Hauptsätze durch Unterstreichen und die Nebensätze durch eine Wellenlinie. Umkreise die Konjunktion bzw. das Relativpronomen.
Setze danach die Kommas. Beachte, dass vor und *bzw.* oder *kein Komma gesetzt werden muss.*

Sempé

Er und sie –
Eine Geschichte in acht Bildern

Er gesteht ihr seine Liebe aber sie verschmäht ihn.
Sie sitzt ablehnend auf dem Sofa während er mit einem Schmuckstück um ihre Gunst wirbt.
Er eilt ihr mit einem größeren Geschenk entgegen doch sie lässt ihn wieder abblitzen.
Er versucht es mit einer weiteren Kostbarkeit sie bleibt allerdings weiterhin abwartend.
Obgleich er ein riesiges Geschenk heranschleppt bleibt sie eisig.
Er guckt betreten als sie sich auch durch einen Pelzmantel nicht beirren lässt.
Er fährt mit einem Sportwagen vor und schaut lachend zu ihrem Fenster hoch.
Sie schaut betreten aus dem Fenster als er ihr freundlich lächelnd den Inhalt des Wagens präsentiert.

Komma bei verkürztem Satz

Ich werde, falls nötig, heute kommen.

Ich werde, falls es nötig ist, heute kommen.

1. *Vergleiche die beiden Sätze; unterstreiche im ersten Satzgefüge den verkürzten Nebensatz.*

2. *Setze in den folgenden Sätzen das Komma. Achte auf den verkürzten Satz. Mach dir klar, dass dieser sowohl ein Hauptsatz als auch ein Nebensatz sein kann. Schreibe wie im Beispiel oben den vollständigen Satz auf.*

Vielleicht dass mir das auch passiert.

....

Was tun wenn er mich fragt.

....

Kann sein dass sie kommt.

....

Gut möglich dass wir uns treffen.

....

3. *In den folgenden Satzgefügen ist eine Konjunktion nur gedacht, aber nicht genannt. Schreibe den Satz mit Konjunktion auf.*

Kommst du mit, stelle ich sie dir vor.

Wenn ... .

Hilfst du mir, helfe ich dir.

....

Stell dir vor, keiner kommt.

....

Komma im komplexen Satzgefüge

4. *Setze in den folgenden Sätzen die Kommas.*

Satzgefüge: *Gefüge von Haupt- und Nebensätzen*

Satzreihe: *Reihung von Hauptsätzen*

Einige Schülerinnen und Schüler aus der Theatergruppe wollen sich im Rahmen der Schul-Theaterwoche die demnächst stattfindet einige Stücke ansehen weil sie meinen dass sie dadurch Anregungen für das eigene Spiel erhalten. Der AG-Leiter erklärt den Schülern dass es Stücke gibt in denen während der Aufführung eine Aufführung stattfindet weil in diesem Falle durch die Verdoppelung des Mediums die Wirkung umso deutlicher wird.

Jana übernimmt in Goldonis Stück für das sich die Gruppe entschieden hat eine Rolle die ihr besonders auf den Leib geschrieben scheint.

Für Tom der im Fach Mathematik seine Probleme hat ist das Spielen auf der Bühne ein besonderes Vergnügen weil er von allen Spielerinnen und Spielern die ihn immer wieder bestätigen Anerkennung erhält.

In einem einfachen Satzgefüge wird der Nebensatz durch ein Komma vom Hauptsatz abgegrenzt. In einem komplexen Satzgefüge können mehrere Hauptsätze bzw. Nebensätze ineinander gefügt und durch Kommas abgegrenzt werden. Beispiel:
Pia und Tim entscheiden sich für das Theaterprojekt, weil sie sich auf dieses Projekt, das schon lange angekündigt war, intensiv vorbereitet haben.

5. *Setze in den folgenden Sätzen die fehlenden Kommas. Unterstreiche die Hauptsätze und kennzeichne den Nebensatz mit einer Wellenlinie. Beachte die Aufzählung gleichrangiger Nebensätze.*

Der Regisseur macht Tom darauf aufmerksam dass er langsamer sprechen soll dass er lauter reden muss und dass er dem Publikum nicht zu oft den Rücken zukehren darf.

Die Generalprobe des Stückes bei der alles Mögliche schiefläuft weil nicht alle Requisiten da sind weil die Beleuchtung nicht klappt und weil einige Mitspielerinnen und Mitspieler noch Schwierigkeiten mit ihrem Text haben ist für alle eine große Enttäuschung.

Die Deutschlehrerin Frau Sundermann die Regie führt tröstet die Schüler indem sie ihnen erklärt dass eine Generalprobe die missglückt ist möglicherweise ein gutes Vorzeichen für die erste Aufführung ist.

Die Premiere des Stückes in der Schulaula die bis auf den letzten Platz gefüllt ist und bei der alle sehr aufgeregt sind beweist dass Frau Sundermann mit ihrer Erklärung Recht hatte.

Komma im komplexen Satzgefüge

Wenn **gleichrangige** *Nebensätze aufgezählt werden, steht zwischen ihnen ein* **Komma**.
Werden sie durch und *bzw.* oder *verbunden, steht, wie bei allen anderen Aufzählungen, kein Komma.*
Beispiel:
Sie spielt mit, weil ihr die Rolle liegt, weil Theaterspielen ihr Spaß macht und weil Markus auch mitspielt.

6. *Setze in den folgenden Texten die fehlenden Kommas. Es hilft dir, wenn du Hauptsätze und Gliedsätze entsprechend kennzeichnest.*

CD-ROM: Totengräber des Buches?

Die „Gameboy-Generation" die bereits mit dem Computer aufwächst die nichts dabei findet mit der Maus auf die Menüzeile zu klicken oder einen Doppelklick auf ein Icon auszuführen diese Generation wird zunehmend dem Lesen von Büchern entwöhnt.

Sie reagiert mehr auf visuelle Reize als auf den Spannungsbogen der einem Satz innewohnt. Es ist offensichtlich dass andere Medien wie Computer Fernsehen oder bunte Magazine dafür umso mehr ihre Aufmerksamkeit gewinnen. Eine Studie hat herausgefunden dass sich 36 Prozent aller Jugendlichen zwischen sechs und siebzehn Jahren in ihrer Freizeit am liebsten mit ihrem Computer beschäftigen. Verkaufszahlen beweisen dass Computer- und Rollenspiele auf dem Vormarsch sind. In manchen Computerspielen können Jugendliche in eine vorgestellte Welt abtauchen und sich scheinbar völlig frei bewegen. Bislang gibt es ein wichtiges Medium das diesen Vorlieben Jugendlicher die Basis geben kann: die CD-ROM. Die Silberscheibe hat so viel Speicherplatz dass sie auch noch so verzwickte Handlungsstränge aufzunehmen und miteinander zu verknüpfen vermag. Noch vor ein paar Jahren als das „elektronische Buch" auf der Buchmesse die ersten Gehversuche unternahm wurde es von den Verlagen belächelt. Heute verkünden manche Marktbeobachter bereits der Markt sei reif und die Aussichten rosig.

Buch und Bites

Nicht wenige Experten behaupten dass die neuen elektronischen Medien das Buch bisher nicht gefährden konnten. Zum weltweiten Umsatzwachstum der Bücherbranche trugen allerdings auch gestiegene Papierpreise bei wodurch Bücher im Durchschnitt etwas teurer wurden. Überraschenderweise wird gerade dort viel gelesen wo es die meisten Computerbesitzer und Internetbenutzer gibt und zwar in Skandinavien. So ist bekannt dass Norwegen im Jahre 1996 bei der Internetnutzung weltweit auf Platz drei liegt. Nirgends auf der Welt wird so viel Lesestoff gekauft wie in Norwegen denn die Statistiken von 1995 beweisen dass Norweger je Kopf für rund 100 Euro Bücher kauften. Auf Platz 2 liegen die Deutschen von denen jeder für 90 € Gedrucktes anschaffte.

Komma im komplexen Satzgefüge

Das Buch und die neuen Medien

Etliche Fachleute sind sich darüber einig dass das Buch unter Schülern den ungleichen Wettlauf mit dem Fernsehen noch nicht verloren hat. Tatsächlich wenden sich Schüler wieder mehr aktiven Freizeitbetätigungen zu auch der Lektüre. Wesentlich so urteilen Lehrer ist das Umfeld der Schüler. Ein Hamburger Gymnasium berichtet von einem Freundeskreis in dem man sich vorliest. Für viele Jugendliche ist die Isolation die mit dem Lesen verbunden ist eine besonders hohe Hemmschwelle die sie nur schwer überwinden können.

Nach Aussagen von Lehrern sind Schülerinnen und Schüler vor allem dann besonders aufgeschlossen gegenüber Büchern wenn auch zu Hause viel gelesen wird. Wenn dort Bücher keine Rolle spielen haben es die Deutschlehrer schwer.

Die allerdings behaupten manche Schriftsteller sind an der Leseunlust nicht mehr ganz unschuldig. Die schlimmste Waffe sei die Interpretation die das Desinteresse an Literatur verbreitet. Eine Hamburger Lehrerin räumt ein wer acht Wochen ein einziges Schauspiel behandele könne es den Schülern tatsächlich vergällen. Andererseits gefalle manchen ein Werk erst richtig wenn es eingehend analysiert worden sei.

Besserung erhoffen sich viele Deutschlehrer von einer breiteren Literaturpalette im Unterricht die auf die jugendliche Lebenswelt reagiert und andere Medien „öffnet".

Sprichwörter zum Buch

Ein Buch ist wie ein Garten den man in der Tasche trägt.
Das Buch ist der bequemste Freund mit dem man sich
unterhalten kann so lange und so oft man will.
Erst durch Lesen lernt man wie viel man ungelesen lassen kann.

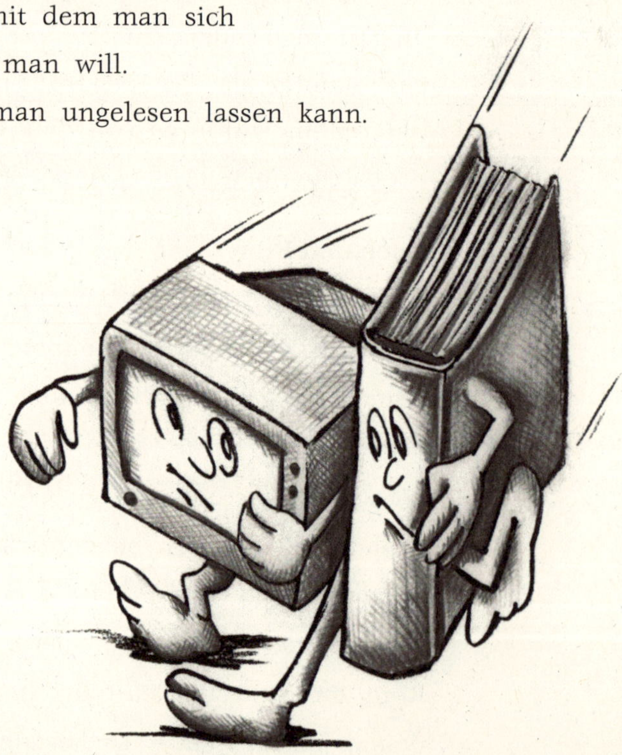

Infinitiv- und Partizipgruppen

7. *Lies die folgenden Sätze laut. Achte dabei auf Sprechpausen und setze die Kommas entsprechend.*

Sie achtete sehr darauf genügend Proviant für die Wanderung einzupacken.

Ihm gefiel es durch die Allee zur Schule zu gehen.

Er unternahm einen letzten Versuch sie doch noch umzustimmen.

Wir wollen diesmal lieber früh loslaufen statt uns am Ende wieder beeilen zu müssen.

Infinitivgruppen mit zu müssen in vielen Fällen durch Komma abgetrennt werden.
Um Fehler zu vermeiden, sollte man **Infinitivgruppen aus Infinitiv +** ***zu*** **+ mindestens einem weiteren Wort** *durch* **Komma** *abtrennen.*
Beispiel: Sie hatte keine Lust, das Buch zu Ende zu lesen.

8. *Unterstreiche in den folgenden Beispielsätzen die Infinitivgruppen und setze die Kommas.*

Sie gingen früh zur Premiere um noch gute Plätze zu bekommen.

Viele waren sehr darauf gespannt Maik in seiner Rolle als Möbius zu sehen.

Ohne ein einziges Mal zu stocken hielt Roman seinen Monolog.

Nach der gelungenen Aufführung fasste Anne den Entschluss sich das nächste Mal für eine Hauptrolle zu bewerben.

Nachdem der Vorhang gefallen war, dachte keiner daran gleich zu gehen.

Alle Beteiligten setzten sich noch zusammen um den Erfolg zu feiern.

Statt das gleiche Stück noch mehrmals aufzuführen einigte sich die Theater-AG darauf eine neue Aufführung vorzubereiten.

Um wieder mehr Zeit für ihre anderen Hobbys zu haben verließ Tamara die Theater-AG.

Robert und Christian freuten sich auf die Gelegenheit diesmal selbst für das Bühnenbild und die Kostüme zu sorgen.

Maike, Josefine und Mehmet setzten sich dafür ein als nächstes Stück „Andorra“ von Max Frisch aufzuführen.

Infinitiv- und Partizipgruppen

Eine Infinitivgruppe aus Infinitiv + zu + mindestens einem weiteren Wort wird durch paariges Komma abgetrennt, wenn sie in einen Satz eingeschoben ist.
Beispiel: Bei dem Versuch, den steilen Hang hinaufzuklettern, stürzte er.

9. *Setze in folgenden Beispielsätzen die Kommas bei Infinitivgruppen.*

Er liebte es lange Fahrradtouren zu unternehmen und fuhr dabei auch oft Waldwege.

Er nahm das Fahrrad statt es im Hof abzustellen oft mit in die Wohnung.

Sie setzte sich um abschalten zu können abends noch eine Stunde vor den Fernseher.

Machte sie das um ihn zu ärgern oder tat sie es unabsichtlich?

Wer eine längere Tour macht ohne genügend Wasser mitzunehmen wird das bald bereuen.

Sie musste den Plan Ostern zu verreisen leider aufgeben.

10. *Ergänze im folgenden Text die Kommas bei Infinitivgruppen.*

Die Größten fressen die Kleinsten

Einige der größten Wale ernähren sich ausschließlich von Kleinstlebewesen, wie z. B. sehr kleinen Krebsen, die im Wasser der Ozeane treiben. Um genügend Nährstoffe aufzunehmen müssen die Wale natürlich enorme Mengen vertilgen. Im Maul der Meeressäuger bilden Barten (dünne Hornstreifen) eine Art Sieb, das dazu dient die Tierchen aus dem Wasser zu filtern.
Zahnwale dagegen machen Jagd auf größere Beute: Delphine zum Beispiel haben die Fähigkeit entwickelt in Gruppen zu jagen. Sie stoßen Laute aus um Fischschwärme zusammenzutreiben und die einzelnen Tiere leichter greifen zu können. Schwertwale sind dafür bekannt auch größere Meeressäugetiere wie z. B. Robben oder sogar kleinere Wale anzugreifen. Pottwalen ist es möglich auch die Tiefsee als Nahrungsquelle zu nutzen: Um dort lebende Riesenkraken zu fangen tauchen sie bis zu 1000 Meter tief hinab.

Missverständnisse vermeiden

12. *Verändere mit dem Komma jeweils den Sinn der folgenden Sätze, indem du es an unterschiedliche Stellen setzt.*

Er will sie nicht.

Er will, sie nicht. ....

Sie rieten ihm ganz schnell zu folgen.
Sie rieten ihm ganz schnell zu folgen.

Carla sagt Vanessa sei die Beste.
Carla sagt Vanessa sei die Beste.

Sie verbietet ihm solche Witze zu erzählen.
Sie verbietet ihm solche Witze zu erzählen.

Tanja erzählt Boris habe wieder die ganze Mathearbeit von Katja abgeschrieben.
Tanja erzählt Boris habe wieder die ganze Mathearbeit von Katja abgeschrieben.

Wir fahren morgen mit dem Auto einem Wohnmobil und dem Anhänger in den Urlaub.
Wir fahren morgen mit dem Auto einem Wohnmobil und dem Anhänger in den Urlaub.

Er erwartet morgen von ihr abgeholt zu werden.
Er erwartet morgen von ihr abgeholt zu werden.

Sabine verspricht ihrem Freund morgen das Buch zurückzugeben.
Sabine verspricht ihrem Freund morgen das Buch zurückzugeben.

Regeln zur Kommasetzung auf einen Blick

„Alles klar?"

1 Komma bei Aufzählungen
Wir nahmen Gummistiefel, Schuhe und Jacken mit.

2 Komma vor entgegenstellenden Konjunktionen (aber, jedoch ...)
Wir hatten zwar eine Karte, aber keinen Kompass.

3 Komma bei Einschüben, Zusätzen, nachgeschobenen Erklärungen
Nur eine hatte an alles gedacht, nämlich Julia.

4 Komma bei Ausrufen, Anreden, Bejahungen, Verneinungen, Bekräftigungen
Oje, wir ahnten Schlimmes.

5 Komma zwischen Hauptsätzen (Satzreihe)
Es gießt, doch wir wandern trotzdem.

6 Komma zwischen Haupt- und Nebensatz (einfaches Satzgefüge)
Obwohl das Wetter katastrophal ist, haben wir gute Laune.

7 Komma zwischen Haupt- und Nebensätzen (komplexes Satzgefüge)
Jacob, der immer alles besser weiß, hatte schon vor dem Ausflug gemeint, dass wir jämmerlich baden gehen werden.

8 Komma zwischen wörtlicher Rede und (folgendem bzw. eingeschobenem) Begleitsatz
„Endlich kommt die Sonne raus!", ruft Tina.

13. *Setze in den folgenden Beispielen die fehlenden Kommas. Schreibe jeweils in das Kästchen die passende Nummer der Regel aus der Übersicht.*

☐ Steffi nimmt an der Foto-AG teil weil Pauline auch kommt.

☐ Sven verabredet sich mit Tina die er sehr mag weil sie ihm bei der Mathe-Arbeit geholfen hat.

☐ ☐ „Kommst du mit Laura?" fragt Max.

☐ Karen will mitkommen aber nicht sehr lange.

☐ Georg mein bester Freund muss für eine Woche ins Krankenhaus.

☐ Svetlana möchte heute joggen anschließend ins Schwimmbad fahren und abends noch eine Fete besuchen.

☐ Sven fährt mit zum Segeln doch Nadja hat kein Interesse an dieser Sportart.

Komma setzen

Mit den folgenden Texten kannst du ausgiebig üben. Setze die Kommas ein; nimm, wenn notwendig, die Übersicht (Seite 50) zu Hilfe.
Bei den Regeln 5, 6 und 7 kann es dir helfen, wenn du dir klarmachst,

- *welcher Satz ein Hauptsatz und welcher Satz ein Nebensatz (Gliedsatz) ist;*
- *woran man Nebensätze erkennen kann: zum Beispiel an der Konjunktion, am Relativpronomen, an der Stellung des flektierten Verbs;*
- *dass bei der Aufzählung gleichrangiger Hauptsätze oder Nebensätze kein Komma steht, wenn sie durch* und *bzw.* oder *verbunden sind.*

Beachte bei deiner Arbeit auch die Tipps für die Zeichensetzung von Seite 6-11.
Als Hilfe und zur Kontrolle ist bei den folgenden Übungstexten (bei zunehmender Schwierigkeit) die Anzahl der Kommas angegeben:

- *in der jeweiligen Zeile*
- *zu einzelnen Abschnitten*
- *unter dem Text*

Kontrolliere deine Fähigkeiten immer wieder mit Hilfe des Lösungsheftes.

Von Tieren und Menschen

Der Farmer und der Löwe *(nach Ernst Jünger)*

2 Ein Farmer der sich am Rand der Steppe angesiedelt hatte wurde von seinem Hund während eines Jagdgangs auf ein Waldstück aufmerksam gemacht.
1 Weil er Gefahr fürchtete ging er den Ort vorsichtig an.
1 Auf einer Lichtung erspähte er einen Löwen der am Verenden war.
1 Das Tier lag wie ein Gerippe im dürren Gras von dem es sich kaum unterschied.
1 Das Fell hing über ihm als fahle Decke durch die sich die Knochen abzeichneten.
1 Als der Farmer dicht vor dem kranken Tier stand bemerkte er etwas Merkwürdiges.
1 Er sah dass ein Schildkrötenpanzer dem Löwen den Rachen versperrte.
2 Offenbar hatte der Löwe als er Hunger verspürte mangels anderer Nahrung eine Schildkröte aufzubrechen versucht.
1 Weil den Farmer das große Tier dauerte eilte er nach Hause.
1 Er holte Werkzeug mit dem er den Löwen von seiner Plage befreien konnte.
2 Das große Tier es lag hier offenbar schon seit Tagen blieb reglos auf der Lichtung ausgestreckt.
1 Der Farmer holte Wasser in einem Eimer. Zu seiner Freude bemerkte er dass der Löwe zu trinken begann.
(1) Er versorgte den Löwen nun jeden Tag und bald nahm der Löwe auch das Fleisch einer geschlachteten Ziege an.

Komma setzen

1 Die Augen des Löwen wurden lebhaft wenn er seinen Retter sah.
3 Eines Tages als der Farmer wiederkam fand er das Wundbett leer. Der Löwe ein
2 (+1) gewaltiges Tier trat plötzlich auf die Lichtung aber er näherte sich nicht. Er begann
3 sich auf den Pranken zu wiegen. Der Farmer der ein mutiger Mann war begriff
dass das große Tier ihn nicht erschrecken wollte. Er wollte ihm nur seinen Dank
1 sagen. Von nun an bemerkte der Farmer immer den Löwen wenn er das Revier
3 betrat. Der Löwe begleitete ihn weil er ihn beschützen wollte bewachen wollte ihm
Wild zutreiben wollte. So hatte sich der Farmer den König der Tiere zum Freunde
gemacht.

Was ist ein Menschenaffe?

Menschenaffen gehören zu den Lieblingen der Zoobesucher. Der mächtige Gorilla-
mann mit dem silbernen Rücken der Orang-Utan mit seinen Backenwülsten und
den langen roten Haaren die übermütigen Schimpansenkinder mit den großen
Ohren die unermüdlich turnenden Gibbons – wer kennt sie nicht? Sicher hast auch
du schon im Zoo vor ihren Anlagen gestanden ihnen zugeschaut und gestaunt oder
4 gelacht und dich an den Kunststücken und Streichen der drolligen Gesellen gefreut!
Ist dir dabei aufgefallen wie ähnlich sie uns in ihrem Verhalten sind? Wie ihre
Gesichter manchmal genau die gleichen Empfindungen – Zorn Spaß Staunen Neu-
gierde Angst – widerspiegeln die wir in der gleichen Situation wohl auch empfin-
den würden? Gerade weil ihr Gesichtsausdruck so „sprechend“ ist haben wir auch
8 das Gefühl dass wir Menschenaffen besonders gut verstehen.

„King Kong“ und „Bobby“: ein falsches Bild

Nur: So weit war man auch in der ersten Hälfte des zwanzigsten Jahrhunderts noch lange nicht! Der 1932 gedrehte Film über den Riesengorilla „King Kong“ – halb Mensch halb Bestie – ist bezeichnend für das Bild das man von Menschenaffen noch immer hatte. Wie wenig man ihre Bedürfnisse kannte zeigte sich etwa in zoologischen Gärten wo die großen Affen meist einzeln hinter armdicke Eisenstangen gesperrt wurden. Als Futter wurde ihnen vorgesetzt was man damals für geeignet hielt: zum Beispiel „Hausmannskost mit Brot und Mus“ oder „Butterbrot mit Blutwurst oder Hackfleisch“. Kein Wunder – die Menschenaffen wurden oft fett und krank! Der berühmte „Bobby“ im Berliner Zoo brachte bereits mit sechs Jahren – was einem Menschenalter von etwa zwölf Jahren entspricht – ein Gewicht von 200 Kilogramm auf die Waage. So viel wiegt normalerweise ein

ausgewachsener stattlicher Gorillamann! Immerhin war „Bobby“ der erste Gorilla der in einem Zoo das Erwachsenenalter erreichte also länger lebte als nur ein bis zwei Jahre.

Nicht nur in zoologischen Gärten sondern auch in Zirkussen und Straßentheatern wurden Menschenaffen lange als Zerrbilder von Menschen lächerlich gemacht. Sie mussten mit Lätzchen bekleidet am Tisch sitzen und manierlich Brei löffeln oder im Matrosenanzug übers Seil radeln – zum Spaß der Zuschauer die gar nicht merkten dass sie über ihr eigenes Spiegelbild lachten!

11 (+2)

„Bunte Mischung“ aus Literatur und Alltag

Sicherheit auf der Skipiste

3 Jeder der in den Wintersport fährt sollte daran denken dass auch auf Skipisten
1 eine Ordnung herrscht die Ähnlichkeit mit der Straßenverkehrsordnung hat.
1 Wichtig ist auch dass die Skifahrer auf die Natur der Bergwelt Rücksicht nehmen.
1 Da Wildtiere auf schneearmen Südhängen ihr spärliches Winterfutter finden sollte
1 man diese Gebiete meiden. Der Skifahrer sollte sich an markierte Loipen an Pisten
1 oder bestimmte Routen halten. Lärmen Skifahren bei Dämmerung und das Tiefschneefahren im Wald sollten unterbleiben.

Gebote für Skifahrer:

1 – Jeder Skifahrer muss sich so verhalten dass er keinen anderen gefährdet.
2 – Der Skifahrer der von hinten kommt muss seine Fahrspur
1 so wählen dass der vorausfahrende Skifahrer von ihm nicht gefährdet wird.
1 – Überholt werden darf nur wenn man dem überholten Skifahrer für seine Bewegungen genügend Raum lässt.
1 – Bevor man eine Abfahrtstrecke überquert muss man sich
1 vergewissern dass man dies ohne Gefahr für andere tun kann.
1 – Der Skifahrer muss vermeiden dass er sich an unübersichtlichen Stellen einer Abfahrtstrecke aufhält.
1 – Wenn er gestürzt ist muss er die Strecke schnell wieder frei machen.
1 – Wenn ein anderer Skifahrer einen Unfall hat ist jeder zur Hilfe verpflichtet.

Komma setzen

Der Kulak und sein Knecht

2 Ein geiziger schlauer Kulak der gerne seine Knechte vom Morgen bis zum Abend
2 arbeiten ließ gab dem neuen Knecht Iljitsch morgens das Frühstück das sehr gering
2 bemessen war. Das verzehrte der Knecht ohne recht zu merken dass er überhaupt
1 etwas in den Magen kriegte. Der Kulak fragte den Knecht daraufhin ob er nicht
gleichzeitig auch zu Mittag essen wolle. Dann brauche er nichts aufs Feld mitzu-
1 schleppen. Der Knecht willigte ein und meinte er solle ihm gleich das Mittagessen
2 geben. Als er das verzehrt hatte fragte der Kulak wieder ob er vielleicht auch
gleich zu Abend essen wolle. Dann verliere er nach Arbeitsschluss keine Zeit und
könne sofort zu Bett gehen. Der hungrige Knecht bejahte auch dies und verzehrte
1 das Abendbrot. Dann fragte er den Herrn wo er denn schlafen gehen könne. Wieso
1 er denn vom Schlafen rede und wer denn die Arbeit machen solle meinte der
1 erstaunte Kulak. Der Knecht fragte daraufhin erstaunt seinen Herrn ob er je erlebt
1 habe dass anständige Leute nach dem Abendessen noch zur Arbeit gehen würden.
Nach dem Abendessen gehöre man ins Bett. Und er streckte sich auf dem Sofa aus
und schnarchte.

Freunde?

Zwei gut befreundete Männer gingen durch einen
Wald als ganz unvermittelt ein großer Bär auf dem
Waldweg stand. Der eine der beiden Männer lief in
aller Eile davon und kletterte auf einen Baum der
andere dagegen blieb auf dem Wege. Er legte sich
auf allen vieren stocksteif hin und stellte sich tot.
Der Bär kam gemächlich auf ihn zu und
beschnupperte ihn von allen Seiten. Der Mann hielt seinen Atem an weil der Bär
ihm jetzt ganz nahe kam. Dieser hielt den Mann offensichtlich für tot und trollte
sich ins Dickicht. Als der Bär verschwunden war kam der andere Mann vom Baum
herunter und fragte lachend seinen Freund: „Der Bär hat doch dein Ohr berührt
was hat er dir denn zugeflüstert?“ Darauf antwortete der Gefragte: „Stell dir vor er
hat mir gesagt dass ein richtiger Freund sich erst in einer Notsituation als Freund
7 erweist.“

Komma setzen

Einer *(Christine Nöstlinger)*

Einer der ist einer der durch die Lande zieht. [...]
Wenn die Leute von ihm sprachen sagten sie zum Beispiel: „Da schläft einer am Tag auf der Wiese." oder: „Da hat einer Eier gestohlen." oder: „Da geht einer vorbei." Und dort wo er öfter hinkam grüßten ihn die Kinder auf der Straße. Und sie liefen hinter ihm her und baten ihn: „Herr Einer schenk uns was!" Da suchte Einer in den Taschen seiner Hose und seines Rockes kehrte die Taschen um und zeigte den Kindern dass sie leer waren. Doch fand er immer etwas was er ihnen
9 schenken konnte:
eine Vogelfeder
einen Stein der am Weg lag
ein Stück von einer Wurzel
eine Glasscherbe
eine Eierschale
einen Messingknopf
einen Knochen oder
7 eine Distelblüte.

Das Zeugnis *(Peter Weiss)*

Ich kam mit dem Schulzeugnis nach Hause in dem ein schrecklicher Satz zu lesen war ein Satz vor dem mein ganzes Dasein zerbrechen wollte. Ich ging mit diesem Satz große Umwege wagte mich nicht mit ihm nach Hause sah immer wieder nach
8 ob er nicht plötzlich verschwunden war doch er stand immer da klar und deutlich.
Als ich schließlich doch nach Hause kam weil ich nicht die Kühnheit hatte mich als Schiffsjunge nach Amerika anheuern zu lassen saß bei meinen Eltern Fritz W. „Was machst du denn für ein betrübtes Gesicht?" rief er mir zu. „Ist es ein schlechtes Zeugnis?" fragte meine Mutter besorgt und mein Vater blickte mich an
6 (+1) als sehe er alles Unheil der Welt hinter mir aufgetürmt.
Ich reichte das Zeugnis meiner Mutter hin aber Fritz riss es mir aus der Hand und las es schon und brach in schallendes Gelächter aus. „Nicht versetzt!" rief er und schlug sich mit seiner kräftigen Hand auf die Schenkel. „Nicht versetzt!" rief er noch einmal während meine Eltern abwechselnd ihn und mich verstört anstarrten und zog mich zu sich heran und schlug mir auf die Schultern. „Nicht versetzt
8 genau wie ich!" rief er „ich bin viermal sitzen geblieben."
Damit war die Todesangst zerstäubt alle Gefahr war vergangen. Aus den verwirrten Gesichtern meiner Eltern konnte sich keine Wut mehr hervorarbeiten sie konnten mir nichts mehr vorwerfen da ja Fritz W. dieser tüchtige und erfolgreiche Mann alle Schuld von mir genommen hatte und mich dazu noch besonderer Ehrung für
5 würdig hielt.

Komma setzen

Das Urteil *(Sigismund von Radecki)*

Ein Geistlicher wurde gefragt welches die peinlichste Erfahrung sei die er während des Predigens gemacht habe. „Das war so“ erzählte er. „Gerade als ich begonnen hatte kam eine ältere Dame mit strenger Miene und setzte sich dicht vor die Kanzel. Sie öffnete ihren Handbeutel schraubte die Teile eines Hörrohres zusammen und hielt es nun an ihr Ohr. Nach genau zehn Minuten meiner Predigt nahm sie plötzlich ihr Hörrohr ab schraubte die Teile auseinander legte sie säuberlich beiseite und blieb

7 die ganze übrige Predigt lang still sitzen.“

Konsequenter Unfall *(Karl Valentin)*

Sehr geehrte Versicherung

mir ist ein Unfall widerfahren und das ging folgendermaßen zu: Auf dem Dachboden meines zweistöckigen Hauses hatte ich einen Posten Ziegelsteine lagern den ich nach unten befördern wollte. Dazu ersann ich folgende Vorrichtung: Im Innern des Dachbodens befestigte ich einen Balken an dessen nach außen ragendem Ende eine Rolle angebracht war. Über diese Rolle warf ich ein Seil und dessen langes Ende schlang ich unten um einen Baum. An das obere Ende band ich ein hölzernes Waschschaff* in welches ich die Ziegelsteine legte. Dann ging ich nach unten machte das Seil vom Baum los und hielt es fest. Dabei stellte sich heraus dass das Schaff mit den Ziegelsteinen schwerer war als ich. Es fuhr herunter und ich fuhr hinauf. Als das Schaff an mir vorbeifuhr schürfte es mir die linke Seite auf. Ich kam oben an und stieß mit dem Kopf heftig gegen den Balken. Das Schaff kam unten an und brach durch den Aufprall entzwei. Die Ziegelsteine fielen infolgedessen heraus und das Schaff war nun leichter als ich. Ich fuhr herunter und das Schaff fuhr hinauf. Als es an mir vorbeifuhr schürfte es mir die rechte Seite auf. Das Schaff kam oben an und ich kam unten an. Durch den Sturz brach ich mir zwei Rippen und vor Schmerz ließ ich das Seil los. Da fuhr das Schaff wieder herunter und traf mich auf den Kopf. Ich bitte sie hochachtungsvollst mir diesen Unfall liebenswürdigerweise zu vergüten.

7 (+8)

Rabe und Fuchs

Ein Rabe hatte einen Käse gestohlen flog damit auf einen Baum und wollte dort in aller Ruhe seine Beute verspeisen. Ein hungriger Fuchs der des Weges kam lobte den Raben auf folgende Weise: „Oh Rabe was bist du für ein herrlicher Vogel.

* Waschschaff: schwere Waschschüssel

Komma setzen

Wenn dein Gesang ebenso schön ist wie dein Gefieder sollte man dich zum König der Vögel krönen."
Dem Raben taten diese Schmeicheleien so wohl dass er seinen Schnabel weit aufsperrte um dem Fuchs eine Probe seiner Sangeskunst zu geben. Dabei entfiel ihm der Käse den der Fuchs eilig aufnahm und verschlang.

9

Das Märchen vom Fuchs und dem Raben *(Otto Waalkes)*

Ein Rabe saß auf einem Baum und wollte sich gerade daranmachen ein schönes großes Stück Käse zu verzehren das er kurz zuvor gestohlen hatte. Aber vom Duft des Käses angelockt kam der Fuchs hinzu stellte sich unter den Baum und überlegte wie er dem Raben den Käse wegnehmen könne. Schließlich fiel ihm eine List ein und er rief: „Ach Herr Rabe entschuldigt die Störung aber könntet Ihr mir nicht ein wenig von Eurem Käse abgeben?"
Der Rabe der nicht einsehen konnte was daran wohl listig sei schüttelte nur den Kopf und behielt den Käse fest im Schnabel. Da verfiel der Fuchs auf eine noch größere List: „Herr Rabe ich habe gehört dass Ihr so ein begnadeter Sänger sein sollt. Um ehrlich zu sein ich kann es nicht recht glauben. Wollt Ihr mir nicht eine Kostprobe Eurer herrlichen Stimme geben?"
Der Rabe aber wollte nicht und schüttelte den Kopf. Doch der Fuchs ließ nicht locker. „So ist es also wahr dass Ihr nur ein schauriges Gekrächze von Euch geben könnt? Dann stimmt es also gar nicht dass Ihr noch viel schöner singt als die Nachtigallen? Dann wundert es mich allerdings nicht dass es kaum jemanden gibt der Euch für einen bedeutenden Sänger hält."
Dieser Provokation konnte nun selbst der Rabe nicht widerstehen. Er öffnete den Schnabel ließ den Käse fallen und begann zu singen. Diesen wunderbaren Gesang hörte ein Musikagent der gerade des Weges kam.
Er engagierte den Raben vom Fleck weg und heute ist dieser Rabe unter dem Namen Peter Alexander in der ganzen Welt berühmt und einer der bedeutendsten Raben überhaupt.
Und die Moral von der Geschichte: Wenn man Gold in der Kehle hat soll man den Schnabel aufmachen.
Und wenn dabei der Käse herausfällt dann macht das gar nichts denn der Rabe lebt heute nur von den allerfeinsten Käsesorten während der Fuchs als Aushilfssänger bei den Neckar-Kosaken durch die Lande tingeln muss.

22 (+4)

Komma setzen

Vom Wald

Eine kleine Geschichte des Waldes

Waldschäden und Baumsterben durch menschliche Einflüsse hervorgerufen sind nicht erst in unserer Zeit zum Problem geworden.

Tatsächlich reicht die Geschichte der Waldzerstörung bis in die Epoche des Römischen Reiches in die Blütezeit des alten Griechenlands und die kulturelle Glanzzeit der Karthager zurück: Sie alle benötigten Unmengen an Holz für den Bau von Kriegsschiffen Wohnhäusern und als Brennmaterial für ihre Ziegeleien. Riesige Wälder wurden abgeholzt die entstandenen Äcker bebaut; doch der Boden blieb nicht lange fruchtbar: Der Regen spülte die nährstoffreichen Schichten zuvor von den Pflanzenwurzeln festgehalten davon. Die Folge waren felsige Landstriche – oder das Vordringen der Wüste.

In Germanien ließ man die Wälder bis ins hohe Mittelalter nahezu unberührt. Zu groß war die Ehrfurcht vor den dunklen Landstrichen in denen allerlei Geister und Gottheiten ihren Wohnsitz haben sollten. Doch der Bevölkerungsanstieg und das sich verbreitende Christentum verringerten die Angst vor den göttlichen und schrecklichen Waldbewohnern. Man brauchte Nahrung – und somit auch Ackerland. Weite Flächen wurden gerodet und lediglich Kriege – für die Menschen eine Katastrophe – brachten dem Wald zeitweise Erholung: Im Dreißigjährigen Krieg starb nahezu die Hälfte der Bevölkerung die Landwirtschaft kam erst allmählich wieder in Bewegung. Dennoch wäre der Wald – als „Störfaktor" für den Ackerbau und als Brennstofflieferant – sicher nicht zu retten gewesen hätte nicht mit der im 19. Jahrhundert einsetzenden Industrialisierung die Kohle das Holz als Brennstofflieferant weitgehend abgelöst.

So kam es zu einem scheinbaren Paradoxon: Die sich ausbreitende Industrie die mit ihren schadstoffverbreitenden Fabrikschornsteinen bereits vor mehr als hundert Jahren erste Rauchschäden verursachte garantierte auf der anderen Seite den Fortbestand des Waldes in Mitteleuropa ...

12 (+1)

Bei diesem Text könntest du auch überlegen, an welcher Stelle statt des Kommas ein Gedankenstrich als Abgrenzung sinnvoll wäre.

Komma setzen

Erlebnisraum Wald

In früheren Jahrhunderten galt der Wald vor allem als dunkel undurchdringlich oder gar unheimlich. Zahlreiche Mythen und Märchen zeichnen kein sehr günstiges Bild vom Wald in dem wilde Tiere hausen die knorrigen Baumstämme Grimassen schneiden die Äste dem einsamen Wanderer ins Gesicht schlagen oder die Wurzeln nach seinen Füßen langen. Obwohl aus dem Wald schon immer wertvolle Rohstoffe und sogar ein Großteil der Nahrung bezogen wurde blieb er ein finsterer sogar als lebensfeindlich verschriener Ort in dem sich nur zwielichtige Gestalten wie Holzknechte Wegelagerer Wilddiebe oder Kräuterhexen zurechtfanden. Etwas von diesem alten Gefühlshorizont wird immer noch lebendig wenn man einen Wald bei Dunkelheit erlebt oder eine geschlossene Waldung in unübersichtlichem Gelände
10 durchqueren möchte.

Der wohltätige Wald

Aus dem Blickwinkel der Waldbesitzer (Staat Gemeinden Private) betrachtet erfüllt der Wald gleich mehrere Nutzfunktionen. Die lebenden Bäume sind nachwachsende Rohstoffe die irgendwann einmal zur Holzgewinnung dienen. [...]
Jedermann darf sich an der sinnvollen und schonenden Nutzung der Waldfrüchte (beispielsweise Walderdbeeren Heidelbeeren Preiselbeeren Himbeeren oder Brombeeren) oder der essbaren Waldpilze beteiligen. [...]
Die Wälder erfüllen nämlich eine ganze Reihe von wichtigen Aufgaben die man zusammenfassend als landschaftsökologische Schutzfunktionen beschreiben könnte. Wälder sind wegen ihrer raumwirksamen Höhenstaffelung unsere wichtigsten Sauerstoffproduzenten. Wenn die Gehölze im Licht fotosynthetisch aktiv sind entnehmen sie der Atmosphäre Kohlendioxid zur Bindung in organische Moleküle geben aber auch das gleiche Volumen an Sauerstoff ab. Allein dieser Vorgang ist ein richtiges grünes Wunder. Eine einzige ausgewachsene Rotbuche von etwa 25 Metern Höhe und einer Gesamtblattfläche von mehr als 1500 Quadratmetern setzt an einem Sommertag ungefähr 7000 Liter Sauerstoff frei. Diese Menge ergibt 35 Kubikmeter saubere und sauerstoffreiche Atemluft – genug um den Tagesbedarf von 50 Erwachsenen sicherzustellen. Wenn man diese Einzelleistung eines Baumes erst einmal auf einen größeren Bestand umrechnet zeigt sich eindrucksvoll wie unentbehrlich die grüne Lunge Wald für Siedlungen und Städte ist. Die stadtnahen Wälder sind nicht nur Freizeit- oder Erholungsräume. Noch wichtiger sind ihre lebenswichtigen Produktionsaufgaben.

12 (+1)

Komma setzen

Die Vernichtung des Regenwaldes

Durch Brandrodung Holzfällen und Straßenbau stirbt derzeit eine Waldfläche in der Größe von sechzig Fußballfeldern – pro Minute!

Dabei gibt es viele Ursachen für den Raubbau im Regenwald: Großgrundbesitzer denen in Südamerika bis zu 98 % der Weideflächen gehören haben sich der flächenintensiven Rinderzüchtung verschrieben: Wo früher der Urwald Platz für unzählige Tierarten bot grasen heute riesige Rinderherden deren Fleisch überwiegend für Restaurantketten und Steakhäuser in Europa und Nordamerika bestimmt ist; oder die durch Brandrodung d.h. durch gezieltes Verbrennen der Baumriesen gewonnene Fläche dient als Ackerland für den Anbau von Viehfutter das ebenfalls zu einem großen Teil in die Industrieländer exportiert wird.

Ein weiterer Punkt ist die direkte Nutzung des Waldes: Der Regenwald liefert Holz für Fensterrahmen Türen Modellbauten Möbel u. v. m. – vieles davon geht wiederum nach Europa oder Nordamerika.

Doch auch die arme Bevölkerung der regenwaldbewachsenen Zonen trägt durch allzu sorglosen Umgang mit dem empfindlichen Ökosystem dazu bei dass Größe und Dichte des Tropenwaldes in rasender Geschwindigkeit abnehmen. Die brasilianische Regierung hat beispielsweise ein Programm ins Leben gerufen das unter dem Motto „Land ohne Menschen für Menschen ohne Land“ die Slumbewohner der Großstädte in den Regenwald umsiedeln sollte. Den mittellosen Menschen wurde zugesagt sie könnten ein Stück Land nachdem sie es gerodet hätten selbstständig bewirtschaften und behalten. Viele Bewohner der Elendsviertel nahmen das Angebot an zerstörten ein Stück Wald um selber überleben zu können und mussten sehr schnell enttäuscht feststellen dass sie die Rechnung ohne die Natur gemacht hatten. Denn der Boden ist keineswegs so fruchtbar dass ein intensiver Ackerbau möglich wäre: Ähnlich wie die für die Rinderzucht gerodeten Flächen waren auch die Bodenparzellen der „Kleinbauern“ bald unfruchtbar und für die weitere Bewirtschaftung wertlos geworden.

Auf diese Weise so befürchten Umweltschützer und Wissenschaftler in aller Welt schwindet der Wald weiterhin jährlich Stück für Stück und wäre bei gleich bleibendem Tempo im Jahre 2010 in einigen Ländern (Malaysia Nigeria Elfenbeinküste) ganz verschwunden. Und mit ihm verschwände der Lebensraum unzähliger Tier- und Pflanzenarten sowie die Möglichkeit für die Ureinwohner Südamerikas ihre traditionellen Lebensformen beibehalten zu können was einer Vernichtung ihrer Kultur und vielleicht auch ihrer selbst gleichkäme.

26 (+1)

Komma setzen

Kolumbus und die Folgen

Aus dem Schiffstagebuch des Kolumbus

Um zwei Uhr früh tauchte das Land vor ihnen auf sie waren etwa zwei Meilen davon entfernt. Sie holten alle Segel ein und behielten nur die Brefock am Mast das ist ein Großsegel ohne Nebensegel und drehten bei; so ließen sie die Zeit bis zum Freitag verstreichen an dem sie eine kleine Insel der Bahamas erreichten die in der Sprache der Indios Guanahani genannt wurde.

Bald sahen sie dort nackte Leute am Strand und der Admiral fuhr in einem mit Waffen ausgerüsteten Boot an Land; Martin Alonso Pinzòn und Vicente Anes sein Bruder der Kapitän auf der Niña war begleiteten ihn. Der Admiral entfaltete das königliche Banner und die beiden Kapitäne zwei Fahnen mit dem grünen Kreuz; dieses führte der Admiral zur Kennzeichnung auf allen seinen Schiffen mit den Lettern F und Y: Jeder Buchstabe trug eine Krone der eine stand links der andere rechts vom waagerechten Kreuzesbalken. Als sie an Land stiegen sahen sie sehr grüne Bäume und viele Gewässer und zahlreiche Früchte verschiedener Art. Der Admiral rief die beiden Kapitäne und die anderen die an Land gesprungen waren zu sich und auch Rodrigo Descovedo den Schreiber der Flotte und Rodrigo Sánchez de Segovia und sagte sie sollten getreulich bezeugen dass er vor aller Augen für den König und die Königin ihre Herren von der Insel Besitz ergriff und so tat er es auch und gab die erforderlichen Erklärungen ab wie es ausführlicher in den Zeugnissen enthalten ist die dort schriftlich angefertigt wurden. Alsbald versammelten sich dortselbst zahlreiche Inselbewohner. Das Folgende sind wortwörtlich die Äußerungen des Admirals in seinem Buch über die erste Seereise und die Entdeckung dieses Indien.

17 (+1)

„Da sie uns große Freundschaft erwiesen und ich erkannte dass es Leute waren die sich besser mit Liebe zu unserem heiligen Glauben befreien und bekehren würden als mit Gewalt gab ich einigen von ihnen ein paar bunte Mützen und etliche Glaskugeln die sie sich um den Hals hängten und allerhand andere Dinge von geringem Wert an denen sie großes Vergnügen fanden und sie waren uns derart zugetan dass es ein Wunder war. Hernach kamen sie zu den Booten geschwommen in denen wir saßen und brachten uns Papageien und Knäuel mit Baumwollfäden Wurfspieße und viele andere Dinge und tauschten sie gegen Dinge ein die wir ihnen gaben zum Beispiel Glaskügelchen und Glöckchen. Kurz gesagt sie nahmen alles und gaben sehr bereitwillig von dem was sie hatten."

14 (+1)

Komma setzen

Die Indianer Brasiliens in heutiger Zeit

Noch in unserem Jahrhundert in dem Rodung und Ausbeutung der Regenwälder in einem bestürzenden Tempo vor sich gehen entdeckte man in den Urwäldern Brasiliens kleine bis dahin unentdeckte Stammesgruppen von Naturvölkern. Die Begegnung mit der Zivilisation verläuft für diese Menschen auch heute noch ähnlich verhängnisvoll wie in vergangenen Zeiten.

Der Straßenbau Ölbohrungen und Waldrodungen bringen Weiße ins Land. Die „Segnungen“ der Zivilisation wirken sich für viele Indianer verhängnisvoll aus. Wer in die Stadt zieht wird in kurzer Zeit den heimatlichen Lebensbedingungen im Tropenwald entfremdet und lebt oft zwischen zwei Welten. Das herabsetzende Wort „Indio“ wurde in unserem Jahrhundert durch das indianerfreundliche Wort „Indigenas“ das heißt Ureinwohner ersetzt.

Heute setzen sich viele Menschen für die Rettung bedrohter Völker ein. So wollten zum Beispiel der Abenteurer und Menschenrechtler Rüdiger Nehberg und seine Begleiterin Christina Haverkamp im Jahre 1992 dem Kolumbusjahr durch Überqueren des Ozeans mit dem Bambusfloß auf die Vernichtung von Indianern im
9 brasilianischen Regenwald aufmerksam machen.

Tod im Regenwald

Der Film mit dem gleichnamigen Titel dokumentiert erstmals wie das rigorose Abbrennen und Abholzen des tropischen Regenwaldes den Lebensraum der Ureinwohner des Amazonasgebietes zerstört. Die systematische Vernichtung der letzten Urwälder bedeutet den Verlust des größten Sauerstoffspenders und Kohlenstoffspeichers der Erde.

Siedler und Goldsucher treiben immer neue Straßen in den Dschungel legen Weiden und Agrarflächen an schleppen Krankheiten und Epidemien ein oder organisieren gar planmäßige Jagden auf Indios. Der engagierte Film dokumentiert erstmals in Form eines Spielfilms den Völkermord an den Indianern Südamerikas. Er ist in Zusammenarbeit brasilianischer und deutscher Filmleute entstanden und
3 wurde mehrfach preisgekrönt.

Das Ei des Kolumbus *(Friedrich Wilhelm Foerster)*

Der Kardinal Mendoza hielt dem Christoph Kolumbus bei einem Feste das er ihm zu Ehren veranstaltete eine große Lobrede. Darin nannte er die Entdeckung Amerikas den größten Sieg den jemals der Geist eines einzigen Mannes erfochten habe. Die anwesenden Herren vom spanischen Hofe nahmen es übel auf dass einem Ausländer und dazu noch einem Mann der nicht einmal von adeliger Herkunft sei

Komma setzen

so große Auszeichnung erwiesen wurde. „Mich dünkt" hub einer der königlichen Kammerherren an „der Weg nach der so genannten Neuen Welt war nicht so schwer zu finden; das Weltmeer stand überall offen und kein spanischer Seefahrer würde das Ziel verfehlt haben."

Mit vornehmem Gelächter gab die Gesellschaft Beifall zu dieser Äußerung und mehrere Stimmen riefen: „Oh das hätte ein jeder von uns gekonnt!"

„Ich bin weit entfernt" entgegnete Kolumbus „mir etwas als Ruhm zuzuschreiben was ich nur einer gnädigen Fügung des Himmels verdanke; indessen kommt es doch bei vielen Dingen in der Welt welche uns leicht erscheinen häufig darauf an dass sie ein anderer uns vormacht. Dürfte ich" sagte Kolumbus zu jenem Kammerherren gewendet „Eure Exzellenz wohl ersuchen dies Ei" – er hatte sich von einem Diener ein Hühnerei bringen lassen – „so auf die Spitze zu stellen dass es nicht umfällt?"

Die Exzellenz versuchte von der einen wie von der anderen Seite vergeblich das Ei zum Stehen zu bringen. Der Nachbar bat es sich aus. Es gelang ihm ebenso wenig. Nun drängten sich die andern dazu; ein jeder wollte es versuchen; allein weder mit Eifer noch mit Ruhe war es möglich das Kunststück auszuführen.

„Es ist unmöglich!" riefen die Herren. „Ihr verlangt etwas Unausführbares!"

„Und doch" sagte Kolumbus „werden diese Herren sogleich sagen: Das kann ein jeder von uns auch."

Jetzt nahm er das Ei und setzte es mit einem leichten Schlag auf den Tisch sodass es auf der eingedrückten Schale fest stand. Da riefen jene: „Ja das kann jeder von uns auch!"

Kolumbus aber sagte: „Der Unterschied meine Herren ist nur der dass ihr es so machen könnt ich es aber so gemacht habe."

28 (+4)

Textquellen:

S. 16: Immer logisch bleiben. Die Macht der Winzigkeit. Mitwirkung Ehrensache. Die Höhe der Frechheit.
Aus: Wolfdietrich Schnurre, Schnurren und Murren. Georg Bitter Verlag, Recklinghausen 1974

S. 17: Die Grenzen der guten Erziehung. Ebenda
Ehe der Weiße kam. Jeder friert anders. Aus: Frederik Hetmann, Wildwestshow. Beltz und Gelberg, Weinheim 1973

S. 25: Herr Kuwalek. Aus: Wolfdietrich Schnurre, a. a. O.

S. 51: Der Farmer und der Löwe. Nach: Ernst Jünger, Sämtliche Werke, Bd. 9. Verlag Clett-Cotta, Stuttgart 1979

S. 52: Was ist ein Menschenaffe? „King Kong"... Nach: Marianne und Christian R. Schmidt, Menschenaffen. Kinderbuchverlag, Luzern 1990

S. 54: Einer. Nach: Christine Nöstlinger, Einer. Beltz und Gelberg, Weinheim 1980

S. 55: Das Zeugnis. Aus: Peter Weiss, Abschied von den Eltern. Suhrkamp Verlag, Frankfurt a. M. 1961

S. 56: Das Urteil. Aus: Sigismund von Radecki, Das ABC des Lachens. Rowohlt Verlag, Reinbek 1953
Konsequenter Unfall. Aus: Karl Valentin, Gesammelte Werke. Piper Verlag, München 1961

S. 57: Das Märchen vom Fuchs und dem Raben. Aus: Otto Waalkes, Otto. Das Buch.
Verlag Hoffmann und Campe, Hamburg 1980

S. 58: Eine kleine Geschichte des Waldes. Aus: Bruno P. Kremer, Naturspaziergang Wald. Verlag Franckh, Stuttgart 1990

S. 59: Erlebnisraum Wald. Ebenda
Der wohltätige Wald. Ebenda

S. 60: Die Vernichtung des Regenwaldes. Schüleraufsatz

S. 61: Aus dem Schiffstagebuch des Kolumbus. Aus: Christoph Kolumbus, Schiffstagebuch. Reclam, Leipzig 1992

S. 62: Das Ei des Kolumbus. Friedrich Wilhelm Foerster. Aus: Jugendlehre. Rainer Verlag, Berlin 1904

Alle weiteren Übungstexte wurden erfunden oder frei nacherzählt von Peter Kohrs.

Bildquelle:

S. 42: Aus: Sempé, Nichts ist einfach. Copyright © 1968 by Diogenes Verlag AG, Zürich

Redaktion: Petra Küchler-Sakellariou, Eleonore Kunz
Gestaltung und technische Umsetzung: Eckhardt Natorp
Illustration: Eva M. Möhle, Köln

www.cornelsen.de

2. Auflage, 1. Druck 2006/06

Druck: CS-Druck CornelsenStürtz, Berlin

ISBN-13: 978-3-464-03691-4
ISBN-10: 3-464-03691-X

Inhalt gedruckt auf Recyclingpapier, hergestellt aus 100 % Altpapier.